Cahier de Français 5e

Chantal Bertagna
Agrégée de Lettres Classiques

Françoise Carrier-Nayrolles
Agrégée de Lettres Modernes

hachette
ÉDUCATION

Les auteurs remercient chaleureusement Léa Gallet et Florence Penaud, leurs éditrices, ainsi que les enseignants qui ont effectué des relectures, ceux qui ont dialogué avec les délégués pédagogiques Hachette Éducation et ceux qui ont participé aux études menées sur le *Cahier de français*. Des remerciements tout particuliers à Cécil, Édouard, François, Héloïse, Jean-Jacques et William.

Couverture, maquette intérieure et mise en page : Anne-Danielle Naname, IGS-CP (16)
Illustrations : Nestor Salas, Marygribouille
Relecture : Bénédicte Gaillard

PAPIER À BASE DE FIBRES CERTIFIÉES

hachette s'engage pour l'environnement en réduisant l'empreinte carbone de ses livres. Celle de cet exemplaire est de :
450 g éq. CO_2
Rendez-vous sur www.hachette-durable.fr

www.hachette-education.fr

ISBN 978-2-01-395313-9

Avant-propos

Bienvenue dans votre *Cahier de français* de 5e (cycle 4)

- Au fil du cahier, Librion  vous accompagne et vous apporte de l'aide.
- Dans **Je consolide mes apprentissages de cycle 3**, vous vérifiez vos acquis.
- Dans **Je comprends**, vous découvrez la leçon de façon active.
- La **progressivité des exercices** est marquée par des  ou .
- Chaque leçon se termine par la rubrique **Je récris** et/ou **Je rédige** pour réinvestir les acquis dans des exercices d'écriture.
- Des **fiches Bilan** et des **pages Méthode** vous donnent des clés pour apprendre et pour rédiger.
- Des **dictées** et des **évaluations** vous permettent de tester vos connaissances et vos compétences.

Sommaire

(R) indique les leçons ou parties de leçons en révision.

GRAMMAIRE

Connaître les classes de mots

Connaître les fonctions

Construire des phrases

CONJUGAISON

Conjuguer des verbes et employer des modes et des temps

1 Le nom, le groupe nominal, les déterminants

Je consolide mes apprentissages de cycle 3 — RÉVISER

- Un nom désigne un être, une chose, une idée. Il se reconnaît à :
  – la **présence d'un déterminant** : ***un*** *abri*, ***la*** *France* ;
  – la marque du **pluriel** en *-s* (quelquefois en *-x*) : *des bêtes (des animaux)* ;
  – la possibilité d'être **précédé** ou **suivi d'un adjectif** : *un* ***bon*** *ami, un ami* ***fiable***.
- Il se caractérise par son **genre** (**masculin** ou **féminin**) et par son **nombre** (**singulier** ou **pluriel**).
- On distingue les **noms communs** des **noms propres** qui commencent par une **majuscule** et s'emploient parfois sans déterminant : *la Bretagne, Lancelot*.

1 Entourez les noms propres.

Ton cousin Pascal habite à Londres dans un quartier animé, près de Piccadilly Circus. Il promène son chien Bingo dans le jardin de Hyde Park .

2 En vous aidant d'un dictionnaire, indiquez le genre des noms en gras en rayant la mention inutile.

1. Les **manches** des balais sont en bois *(M / F)*. Tu as recousu les **manches** de ta veste *(M / F)*.
2. Ces **mousses** *(M / F)* poussent dans les sous-bois. Les **mousses** *(M / F)* écoutent le capitaine.

3 Entourez les noms du texte et soulignez ce qui vous a permis de les identifier.

Les aventuriers saisissent l'ours malade par les pieds, le hissent dans la solide charrette. Ils se félicitent de l'aventure.

4 Soulignez les noms et écrivez leur classe grammaticale d'origine :
verbe • adjectif • participe passé.

Certains mots appartenant à une autre classe grammaticale peuvent devenir des noms : *vieux* (adjectif) → *un vieux* (nom).

faire le plein (→ ....) un beau sourire (→ ....)

des mariés heureux (→ ....) un jeune très sympathique (→ ....)

un goûter appétissant (→ ....) un fait surprenant (→ ....)

- Les **déterminants** désignent et précèdent les noms.
- Les **articles** sont des déterminants. Il existe des articles :
  – **indéfinis** : *un*, *une*, *des* ;
  – **définis** : *le*, *l'*, *la*, *les*, *au* (= *à le*), *du* (= *de le*), *aux* (= *à les*), *des* (= *de les*) ;
  – **partitifs** : *du*, *de la*, *de l'*.

  Il parle ***du*** *temps.* (= de + le temps) → article défini
  Il mange ***du*** *pain.* → article partitif

Un article défini sert à définir une personne ou une chose connue ou reconnaissable. Un article indéfini s'emploie pour une personne ou une chose encore inconnue.

5 Soulignez les noms, puis complétez les phrases avec des articles adaptés.

.... fontaine magique bouillonnait comme .... eau très chaude. .... grosse pierre qui s'y trouvait était .... énorme émeraude. Quand j'eus arrosé .... socle avec .... eau .... bassin, ... violente tempête se déchaîna.

D'après Chrétien de Troyes, *Yvain ou le Chevalier au lion*, XIIe s.

- Un **déterminant possessif** exprime la possession.
- Il varie **en personne selon le possesseur** :
  – **singulier** : *mon, ton, son, ma, ta, sa, notre, votre, leur* ;
  – **pluriel** : *mes, tes, ses, nos, vos, leurs*.

*<u>Je</u> range **ma** gomme et **mes** crayons. <u>Tu</u> ranges **ta** gomme et **tes** crayons.*

Devant un nom féminin commençant par une voyelle ou un *h* muet, on emploie *mon*, *ton*, *son* : ***mon** amie*, ***son** habileté*.

6 **Écrivez devant chaque nom tous les déterminants possessifs possibles.**

.... visite .... visites

.... action .... actions

7 **Complétez le tableau avec un nom précédé du déterminant possessif qui convient selon que : a. le personnage s'exprime ; b. l'on s'adresse au(x) personnage(s) ; c. l'on parle du (des) personnage(s).**

Paul	Lise	Paul et Lise
a. (un livre) *mon livre* (des bougies) mes	**a.** (un livre) .... (des bougies)	**a.** (un livre) .... (des bougies) ....
b. (une bougie) ta	**b.** (une bougie)	**b.** (une bougie) ....
c. (des livres)	**c.** (des livres)	**c.** (des livres) ....

- Les **déterminants démonstratifs** *ce*, *cet*, *cette*, *ces* désignent une personne, un élément **dont on a parlé** ou qui sera **précisé ensuite**.
- Ils peuvent être suivis de la particule *-ci* qui marque la proximité (*cet homme-ci*) ou *-là*, qui désigne l'éloignement (*cet homme-là*).

Devant un nom masculin commençant par une voyelle ou un *h* muet, on emploie le déterminant *cet* : ***cet** arbre*, ***cet** honneur*.

8 **Indiquez pour chaque nom s'il est masculin (M) ou féminin (F), puis faites-le précéder du déterminant démonstratif qui convient.**

habitude (.....) .... énergie (.....) ....

abri (.....) .... avantage (.....) ....

humiliation (.....) .... hiver (.....) .... îlot (.....) ....

argent (.....) .... imprévu (.....) .... appel (.....) ....

9 **D'après la place du personnage, qualifiez chaque objet ou groupe d'objets par un nom accompagné d'un déterminant démonstratif assorti de la particule *-ci* ou *-là*.**

1 ....

2 ....

3 ....

4 ....

5 ....

6 ....

- Un groupe nominal (GN) est un groupe de mots organisé autour d'un nom noyau.
  Ce nom peut être :
  – précédé d'un déterminant : *une table, le moment, la Bretagne* ;
  – précédé ou suivi d'un adjectif : *le Grand Paris ; un film récent* ;
  – suivi d'un nom ou GN complément du nom : *le mois de juin, le Paris de mon enfance* ;
  – suivi d'une proposition subordonnée relative : *un film qui vient de sortir*.

10 **Soulignez chaque GN dont le nom noyau est en gras.**

Le jeune **garçon** inspecta le **feuillage** du petit arbre. Il vit alors un **perroquet** rouge et vert qui s'enfuyait à tire-d'aile. Le volatile poussait une **sorte** de cri dans la direction d'un petit **bois** où le garçon allait rarement.

11 **Formez un groupe nominal à partir de chacun de ces noms noyaux, dont vous respecterez le genre et le nombre. Variez les éléments ajoutés et les constructions.**

embarcations : .... perroquet : ....

fruit : .... Venise : ....

12 **a. Complétez les noms du poème à l'aide des déterminants suivants :** l' • une • des • du • un • la • le.

L'heure du crime

Minuit. Voici l'**heure** .... crime.
Sortant d'......... **chambre** voisine,
Un homme surgit dans .... noir.
Il ôte ses souliers,
S'approche de ....armoire
Sur .... **pointe** .... pieds
Et saisit .... couteau
Dont l'acier luit, bien aiguisé.
Puis, masquant ses **yeux** de fouine
Avec un **pan** de son manteau,
Il pénètre dans la cuisine
Et, d'un seul coup, comme un bourreau
Avant que ne crie la victime,
Ouvre le **cœur** d'un artichaut.

M. Carême, « L'heure du crime » in *Au clair de la lune*, © Fondation Maurice Carême, tous droits réservés.

b. Recopiez chaque groupe nominal dont le nom noyau est en gras dans le poème.

....
....
....
....
....

c. Recopiez les groupes nominaux comportant un déterminant possessif.

....
....

Je récris

13 **Récrivez la phrase suivante en complétant chaque GN en gras.**

Il traverse **sa chambre**, s'approche de l'**armoire**, cherche **des vêtements** et enfile **un pantalon**.

....
....

2 L'adjectif

Je consolide mes apprentissages de cycle 3 — RÉVISER

- Un **adjectif** :
  - **caractérise un nom** : *Ce preux chevalier est généreux.*
  - **s'accorde en genre et en nombre avec le nom qu'il caractérise** : *un tournoi dangereux, des bêtes dangereuses* ;
  - peut **précéder** ou **suivre le nom** : *un grand tournoi, un tournoi dangereux* ;
  - peut avoir plusieurs fonctions (voir p. 21 et 26).

1 **Légendez chaque dessin avec des groupes nominaux comportant un de ces adjectifs, que vous accorderez :** pointu • mortel • rapide • médiéval.

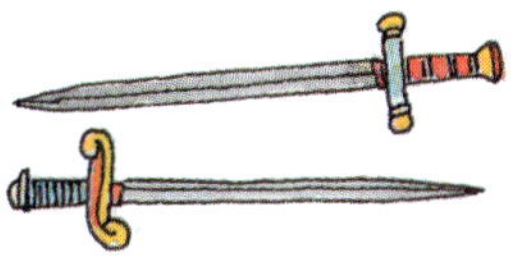
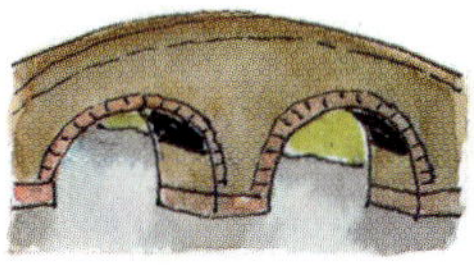

....

2 **Soulignez les adjectifs et reliez-les à l'aide d'une flèche aux noms qu'ils caractérisent.**

Les chevaliers très preux ont défilé devant la foule nombreuse. Le cavalier le plus courtois d'entre eux portait les nobles couleurs de sa dame. Soudain, un petit homme chétif et méconnaissable poussa un cri plus long et plus sinistre que le hurlement d'un loup.

3 **Complétez les phrases en y insérant ces adjectifs, que vous accorderez :** rieur • étroit • petit • doré • riche • joli • grand • beau.

Messire Yvain se trouva dans une .... salle ornée de clous .... et de .... peintures aux .... couleurs. Il entendit ouvrir la porte .... d'une .... chambre d'où sortit une .... demoiselle aux yeux ....

D'après Chrétien de Troyes, *Yvain ou le Chevalier au lion*, XIIe s.

- Il existe de nombreux **suffixes** qui servent à former des adjectifs :
  - **-able** : *profitable*
  - **-ain**, **-aine** : *romain, romaine*
  - **-aire** : *légendaire*
  - **-al**, **-ale**, **-aux** : *local, locale, locaux*
  - **-âtre** : *grisâtre*
  - **-el**, **-elle** : *éternel, éternelle*
  - **-esque** : *titanesque*
  - **-(i)eux**, **-(i)euse** : *creux, creuse ; curieux, curieuse*
  - **-ible** : *prévisible*
  - **-(i)en**, **-(i)enne** : *méditerranéen(ne), algérien(ne)*
  - **-(i)er**, **-(i)ère** : *amer, amère ; guerrier, guerrière*
  - **-in**, **-ine** : *câlin, câline*
  - **-ique** : *spécifique*
  - **-uble** : *soluble*

4 **a. Relevez dans la leçon les suffixes servant à former des adjectifs d'origines géographiques :**

....

b. Formez des adjectifs à partir des noms géographiques suivants.

Mali : .... Mexique : .... Chili : ....

Europe : .... Venezuela : .... Canada : ....

5 **a. Complétez ces radicaux à l'aide des suffixes -able ou -ible.**

lis.......... discut.......... fais.......... prévis..........

joign.......... port.......... divis.......... ador..........

b. Ces suffixes signifient-ils : « qui peut être … » ? ☐ « qui doit être … » ? ☐

6 **À partir des radicaux suivants, formez des adjectifs terminés par -ique ou -esque.**

goth.......... com.......... pittor.......... gigant.......... hygién..........

maléf.......... roman.......... phys.......... livr.......... bénéf..........

7 **a. Complétez les adjectifs. b. Quel est le suffixe commun à chaque liste d'adjectifs ?**

1. identit.......... excédent.......... plant.......... ordin.......... → **suffixe :** ....
2. nation.......... région.......... spéci.......... amic.......... → **suffixe :** ....

8 **a. Complétez le tableau. b. Quel est le suffixe commun à ces adjectifs ?**

noms	adjectif masculin singulier	adjectif féminin singulier
guerre	....	....
mine	....	....
côte	....	....
	→ suffixe :	→ suffixe : ....

9 **a. Complétez le tableau. b. Quel est le suffixe commun à ces adjectifs ?**

adjectif masculin singulier		adjectif féminin singulier	
malheur..........	conscienc..........	malheur..........	conscienc..........
peur..........	silenc..........	peur..........	silenc..........
génér..........	mystér..........	génér..........	mystér..........
brum..........	env..........	brum..........	env..........
→ suffixe :	→ suffixe :	→ suffixe :	→ suffixe : ....

Je récris et je rédige

10 **Récrivez la dernière phrase de l'exercice 2 en remplaçant *homme* par *femme* et *cri* par *plainte*.**

....

....

....

11 **Poursuivez le texte de l'exercice 2 en employant des adjectifs que vous soulignerez.**

Reliez chaque adjectif au nom qu'il qualifie et vérifiez que les accords sont respectés.

....

....

....

3 Qu'est-ce qu'un pronom ?

Je comprends

1 **a. Dans les phrases suivantes, soulignez les éléments repris par les mots en gras.**

A. Annie regarde Paul et **lui** parle.

B. Mes parents ont acheté une lampe ; **ils la** posent sur la table du salon.

C. L'homme **qui** traverse la rue est mon voisin.

b. Dans les phrases du a, quelles classes de mots sont remplacées par des pronoms ? ....

2 **a. Dans les phrases suivantes, soulignez les éléments repris par les pronoms en gras.**

A. Sophie est heureuse et cela fait un moment qu'Héloïse **l'**est aussi.

B. L'ours est très en colère et il **l'**est depuis un bon moment.

C. Arthur a souvent tort mais il ne veut pas **le** reconnaître.

b. Dans les phrases du a, le pronom remplace-t-il un nom ou un GN ? OUI ☐ NON ☐

3 **Dans les phrases suivantes, les pronoms en gras reprennent-ils un élément exprimé ?** OUI ☐ NON ☐

A. **Il** neige.

B. Le petit chat vint jusqu'à **moi** mais **tu** ne le vis pas.

C. Ta valise est rouge, **la mienne** est verte.

D. Quel est **celui** de tes camarades qui habite à Marseille ?

Je retiens, je m'entraîne et je progresse

- Un pronom peut **remplacer** un nom, un groupe nominal, un adjectif, une proposition, une phrase, déjà cités. Il prend généralement le genre et le nombre du nom ou du pronom qu'il remplace.
- Un pronom peut **désigner** : *je, lui, celui-ci...*
- Le pronom « **il** » peut être **sujet d'un verbe impersonnel** : *il pleut, il vente, il faut...*

4 **Entourez le pronom qui convient pour remplacer les mots ou groupes de mots soulignés.**

1. Le metteur en scène et sa troupe arrivent sur la place du village. → il – elle – ils – elles
2. Luc a appris son rôle et Max a appris son rôle. → le – l' – le sien
3. La costumière appelle Laure et Noémie. Noémie arrive en premier. → elle – celle-ci – celle-là

5 **Dans chaque phrase, soulignez l'élément repris par le pronom en gras.**

A. Rose n'a pas dit la vérité. Je ne **le** crois pas. B. Rose n'a pas dit la vérité. Je ne **la** crois pas.

Je récris

6 **Récrivez les phrases en remplaçant chaque groupe nominal souligné par un pronom.**

La mère apporte des jouets à son fils. Le fils remercie la mère avec un sourire.

....

4 Les pronoms personnels, démonstratifs et possessifs

Je consolide mes apprentissages de cycle 3 RÉVISER

- Les **pronoms** peuvent **remplacer** un **nom**, un **groupe nominal**, mais aussi un **infinitif**, un **groupe infinitif**, un **adjectif** ou une **phrase**. Ils évitent les répétitions.
- Les pronoms ont les **mêmes fonctions qu'un nom**.

1 **Entourez le pronom qui convient pour remplacer les mots ou groupes de mots soulignés.**

1. Le chevalier et la dame chevauchent côte à côte. → Il – Elle – Ils – Elles
2. Lancelot a pris sa lance et Gauvain a posé sa lance. → la – la sienne
3. Arthur invite Lancelot et Perceval. Perceval arrive en premier. → Il – Celui-ci – Celui-là
4. Le chevalier envisage le tournoi avec courage. → le – l' – le sien

2 **a. Soulignez les mots ou groupes de mots repris par les pronoms en gras.**
b. Écrivez la fonction de chaque pronom en gras.

1. Paul a lu des livres puis **il** a joué. (il : ....)
2. Anne a acheté des DVD, puis **les** a prêtés. (les : ....)
3. Je suis partie en vacances. **Cela** m'a fait du bien. (Cela : ....)
4. Veux-tu passer chez moi ? Non, je ne **le** peux pas. (le : ....)

- Les **pronoms personnels** varient selon la personne, le genre, le nombre et la fonction :
  – **sujet** : singulier : *je, j', tu, il, elle* ;
  pluriel : *nous, vous, ils, elles* ;
  – **complément** : singulier : *me, m', moi ; te, t', toi ; se, s', soi, le, la, l', lui* ;
  pluriel : *nous, vous, les, se, s', soi, leur, eux, elles*.

3 **Récrivez les phrases en remplaçant chaque groupe de mots souligné par un pronom personnel.**

1. L'île de Robinson est sauvage. ....
2. La cabane et le jardin de Robinson se situent au sud de l'île. ....
3. Vendredi montre des coquillages à Robinson. ....
4. Robinson explore l'île toute la journée avec Vendredi et le chien Tenn. ....
....

4 **Complétez chaque phrase avec le pronom personnel qui convient.**

1. Pierre et ...., vous avez bien de la chance.
2. ...., tu préfères la danse et ...., je choisis la gymnastique.
3. Elle ....est dit qu'il .... faudrait faire des efforts.
4. On a toujours besoin d'un plus petit que ....

5 **a. Entourez *le, la, l', les* lorsqu'ils sont des pronoms personnels. b. Soulignez les GN qu'ils remplacent.**

1. Le bus est parti, je ne le vois plus. 2. La valise que les douaniers ont ouverte, tu n'as pas pu la refermer. 3. Voici les amis dont je vous ai parlé : les reconnaissez-vous ? 4. L'arbre au fond du jardin, je ne l'ai pas taillé, je te l'ai déjà dit.

- Les **pronoms démonstratifs** sont l'équivalent d'un nom précédé d'un déterminant démonstratif.
- Ils ont des formes **simples** (*celui, celle, ceux, celles, ce, c', ceci, cela, ça*) et **composées** avec la particule *-ci* (proximité) ou *-là* (éloignement) : *celui-ci, celui-là*.

6 **Complétez chaque phrase avec le (ou les) pronom(s) démonstratif(s) simple(s) qui convien(nen)t.**

Mélusine et Viviane avaient chacune des pouvoirs. .... de Mélusine étaient terribles et .... de Viviane surprenants. La fée Viviane confectionna deux potions : .... qui rendait invisible et .... qui faisait apparaître un château. Merlin était sensible au charme féminin : .... de Viviane le rendit amoureux.

7 **Indiquez à quel nom ou GN renvoient les pronoms démonstratifs composés, en gras.**

1. Le renard et le chat sont deux ennemis ; **celui-ci** ne se laisse pas prendre au piège, **celui-là** a plus d'un tour dans son sac. → celui-ci : .... ; celui-là : .... 2. Nous dégustons des anguilles et des dorades : **celles-là** nous plaisent beaucoup. → celles-là : ....

- Les **pronoms possessifs** (*le mien, la mienne, les miens, les miennes ; le tien... ; le sien... ; le nôtre... ; le vôtre... ; le leur, la leur, les leurs*) sont l'équivalent d'un nom précédé d'un déterminant possessif.

8 **Employez dans chaque phrase un pronom possessif de façon à éviter des répétitions.**

1. Mon animal favori est le cheval. Quel est .... ?

2. Tes amis et toi aimez des livres différents. .... parlent de chevalerie, ... racontent des histoires policières.

3. L'équipe de nos amis a remporté une médaille, mais pas ....

Je récris

9 **Recopiez les phrases en remplaçant chaque groupe nominal en gras par un pronom personnel, démonstratif ou possessif qui convienne.**

1. Le capitaine gouvernait le bateau ; **ce bateau** voguait toutes voiles dehors.

....

2. **Un jeune mousse** signala **la côte au capitaine.** ....

3. Le capitaine inspecta les sabres : il vit que **son sabre** était plus tranchant que **les sabres des marins.**

....

4. Le capitaine ordonna à ses hommes de descendre à terre. **Ses hommes** obéirent aussitôt **au capitaine.** ....

5 Les pronoms relatifs

Je comprends

1

1. Je vois le lieu [**où** tu vis]. **2.** Je vois les pièces [**où** tu vis].

3. Je vois le lieu [dans **lequel** tu vis]. **4.** Je vois les pièces [dans **lesquelles** tu vis].

a. Soulignez dans chaque phrase le groupe nominal représenté par le pronom en gras.

b. Où ce groupe nominal est-il placé par rapport au pronom ? ....

c. Lorsque le groupe nominal varie en genre et en nombre, que se passe-t-il :

– pour le pronom *où* ? ....

– pour le pronom *lequel* ? ....

Je retiens, je m'entraîne et je progresse

- Un **pronom relatif remplace** un **nom**, un **groupe nominal** ou un **pronom** placé avant dans la phrase.
  *Je récite une poésie **qui** est émouvante.*
- Un **pronom relatif respecte** le genre et le nombre du **nom**, **GN** ou **pronom** qu'il remplace. Il faut donc veiller aux accords du verbe et de l'attribut du sujet avec le pronom *qui*. *Je récite des poésies **qui** sont émouvantes.*

2 **En observant les terminaisons en gras, soulignez le nom ou le GN qui convient.**

1. Irez-vous *à la fête / aux compétitions* qui aur**a** lieu lundi ? **2.** Nous avons rencontré *Sophie / Paul* qui semble curi**eux** de vous voir. **3.** Tu contournes *les arbres / la haie* qui bord**ent** la cour. **4.** Connaissez-vous *ce garçon / ce garçon et cette fillette / cette fillette / ces fillettes* qui paraiss**ent** content**s** de venir ?

3 **Complétez les phrases en proposant un nom, GN ou pronom qui convienne.**

1. Nous observons .... qui sont colorées. **2.** Le menuisier scie .... qui sont épaisses. **3.** Connaissez-vous .... qui est venu en voiture ? **4.** Parmi toutes les fleurs, je choisis .... qui ont le meilleur parfum.

- Il existe des **pronoms relatifs simples**, qui varient selon leur fonction dans la proposition subordonnée relative.

Pronoms relatifs	Fonctions	Exemples
qui	sujet	*Le chevalier aide la jeune fille [**qui** le remercie].*
que (qu')	complément direct du verbe	*La bague [**que** porte la reine] est en or.*
(à, de) qui (à, de) quoi dont	complément indirect du verbe	*La fée [**à qui** Merlin donne un conseil] est Viviane.* *Ce [**à quoi** il s'emploie], c'est le bonheur de Viviane.* *La fée [**dont** on parle] se nomme Morgane.*
dont	complément du nom	*Arthur [**dont** la cour est célèbre] est un grand roi.*
où	complément circ. de lieu	*Brocéliande est la forêt [**où** vit Merlin].*

4 **a. Donnez la fonction du GN souligné. b. Complétez par le pronom relatif simple qui convient.**

1\. a. Un chemin serpente dans le champ. (..............................) b. Le champ .... serpente ce chemin est cultivé. 2. a. Gauvain offre un cheval à une dame. (..............................)
b. Je salue la dame .... Gauvain offre un cheval. 3. a. Le chevalier reçoit une épée.
(..............................) b. Le page regarde l'épée .... reçoit le chevalier.

5 **Sur le modèle ci-dessous : a. complétez les phrases par le pronom relatif simple qui convient ; b. donnez la fonction du pronom relatif.**

Robinson a construit une cabane. → La cabane ***que*** *Robinson a construite résiste au vent.* (complément direct du verbe)

1\. On a parlé de l'île. → L'île .... on a parlé se situe dans le Pacifique. (..............................)

2\. Les nuages arrivent. → Les nuages .... arrivent sur la côte annoncent une tempête. (...............)

3\. Le blé pousse sur le terrain. → Robinson a clôturé le terrain .... pousse le blé. (........................)

- Il existe un pronom relatif composé qui varie selon le genre et le nombre du nom, GN ou pronom qu'il remplace et la fonction du pronom dans la proposition subordonnée relative :
  – ***lequel*** (*laquelle, lesquels, lesquelles*) : sujet, complément direct du verbe ou complément circonstanciel ;
  – ***auquel*** (*à laquelle, auxquels, auxquelles*) : complément indirect du verbe ;
  – ***duquel*** (*de laquelle, desquels, desquelles*) : complément indirect du verbe.
  La poésie ***à laquelle*** *je pense est un sonnet.*

6 **a. Donnez la fonction du groupe nominal souligné.**
b. Complétez par le pronom relatif composé qui convient.

1\. a. Les armes sont dans le coffre. (..............................) b. Le coffre dans .... sont les armes est fermé.

2\. a. Gauvain sourit à une dame. (..............................) b. Tu observes une dame à .... Gauvain sourit.

7 **a. Soulignez les GN repris par les pronoms relatifs. b. Récrivez les phrases en employant un pronom relatif composé.**

1\. Le chevalier à qui Merlin parle est Lancelot. ....

2\. Le renard voit la branche où chante le coq. ....

8 **a. Soulignez d'un trait les pronoms relatifs simples, de deux traits les pronoms relatifs composés.**

Robinson s'était servi de la grotte qui était au centre de l'île pour mettre à l'abri les biens auxquels il tenait le plus : ses conserves qu'il avait confectionnées avec des fruits, **ses coffres** où **il abritait ses vêtements**, ses outils dont il se servait quotidiennement et enfin sa poudre avec laquelle il aurait pu faire sauter toute l'île.

b. Relevez le pronom relatif sujet : .... **; le pronom relatif complément direct du verbe :** ....

Je récris

9 **Récrivez le passage en gras dans le texte de l'exercice 8 en remplaçant le pronom relatif simple par un pronom relatif composé.**

....

Bilan 1

Complétez la fiche bilan ci-dessous en proposant un exemple personnel à côté de chaque logo stylo.

CLASSES DE MOTS
IDENTITÉ DES MOTS

MOTS INVARIABLES

PRÉPOSITION

Ex. : *à, de* ....

CONJONCTION de coordination

Ex. : *mais, ou* ....

CONJONCTION de subordination

Ex. : *que, pour que* ....

ADVERBE

Ex. : *lentement* ....

MOTS VARIABLES

VERBE

Ex. : *manger* ....

NOM

Ex. : *prince* ....

DÉTERMINANT

Ex. : *un* ....

ADJECTIF

Ex. : *bon* ....

PRONOM

Ex. : *je* ....

Méthode 1

Construire un récit

Méthode

Pour construire un récit, veillez à :

– **enchaîner et organiser les étapes de votre récit,** en employant des mots invariables comme :
- *d'abord, premièrement, pour commencer ;*
- *ensuite, puis, après cela… ;*
- *enfin, finalement ;*

– employer des groupes nominaux et des pronoms **qui fassent clairement comprendre de quel personnage il s'agit et qui donnent des informations sur ce personnage**.
Le chevalier : il, Lancelot, ce valeureux combattant, l'amoureux de la reine… ;

– employer des pronoms qui **respectent le genre et le nombre du nom qu'ils remplacent.**
Ex. : *Il y a des personnes dans le couloir. ~~Ils~~ partent. → Elles partent.*

Évaluation 1

La pioche

Grand frère Félix et Poil de Carotte travaillent côte à côte. Chacun a sa pioche. Celle du grand frère Félix a été faite sur mesure, chez le maréchal-ferrant[1], avec du fer. Poil de Carotte a fait la sienne tout seul, avec du bois. Ils jardinent, abattent de la besogne et rivalisent d'ardeur. Soudain, au moment où il s'y attend le moins (c'est toujours à ce moment précis que les malheurs arrivent), Poil de Carotte reçoit un coup de pioche en plein front.

Quelques instants après, il faut transporter, coucher avec précaution, sur le lit, grand frère Félix qui vient de se trouver mal à la vue du sang de son petit frère. Toute la famille est là, debout, sur la pointe du pied, et soupire, appréhensive[2] :

– Où sont les sels[3] ?

– Un peu d'eau bien fraîche, s'il vous plaît, pour mouiller les tempes[4].

Poil de Carotte monte sur une chaise afin de voir par-dessus les épaules, entre les têtes. Il a le front bandé d'un linge déjà rouge, où le sang suinte et s'écarte.

M. Lepic lui a dit :

– Tu t'es joliment fait moucher[5] !

Et sa sœur Ernestine qui a pansé[6] la blessure :

– C'est entré comme dans du beurre.

Il n'a pas crié, car on lui a fait observer que cela ne sert à rien.

Mais voici que grand frère Félix ouvre un œil, puis l'autre. Il en est quitte pour la peur, et comme son teint graduellement se colore, l'inquiétude, l'effroi se retirent des cœurs.

– Toujours le même, donc ! dit madame Lepic à Poil de Carotte ; tu ne pouvais pas faire attention, petit imbécile !

J. Renard, *Poil de Carotte*, 1893.

1. personne qui fabrique et pose les fers des chevaux. 2. apeurée. 3. produits pour ranimer. 4. parties latérales de la tête. 5. blesser. 6. recouvert avec un pansement.

Lire

1. Quelles sont les grandes étapes de ce récit ? Soulignez les trois mots ou groupes de mots du texte qui les introduisent.

....

....

....

2. Comment Poil de Carotte est-il traité par les différents membres de la famille ?

....

....

....

....

3. « joliment » (l. 25) : a. quelle est la classe grammaticale de ce mot ? ....

b. Quel sens a-t-il dans le texte ? ....

4. Proposez un adjectif qui caractérise l'attitude de la mère. ....

5. En vous aidant des questions précédentes, dites ce que vous ressentez à la lecture de ce texte.

....

....

Écrire

Imaginez et racontez une autre aventure de Poil de Carotte.

6 Les constituants de la phrase simple

Je consolide mes apprentissages de cycle 3 RÉVISER

- La **phrase simple a un sens**, elle s'organise autour d'un **verbe conjugué**.
  *Dans cette aventure, le héros **découvre** de nouvelles terres.*
- La **phrase simple** comporte deux éléments principaux, le **sujet** et le **prédicat** (ce qu'on dit du sujet).
  Ils se présentent ainsi :
  – sujet + prédicat (= verbe) > *La fillette chante*.
  – sujet + prédicat (= verbe + complément(s) du verbe) > *La fillette chante une chanson.*
  – sujet + prédicat (= verbe *être* + attribut du sujet) > *La fillette est heureuse*.
- Une **phrase simple** peut aussi comporter des **groupes de mots qui peuvent être déplacés** ou **supprimés** sans changer le sens de la phrase. Ce sont les **compléments de phrase** qui précisent les **circonstances** (lieu, temps…).
  Chaque soir, le chevalier retrouve sa dame au château.
  Au château, chaque soir, le chevalier retrouve sa dame.

1 **a.** **Entourez le panier qui comporte des phrases correctes. b. Pourquoi les phrases de l'autre panier ne sont-elles pas correctes ?** ....

Panier A

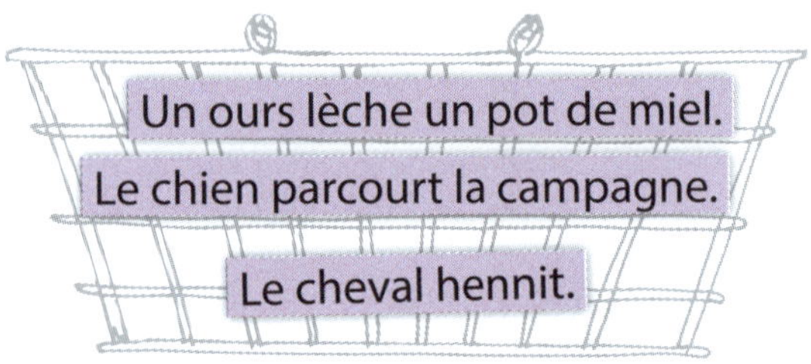

Panier B

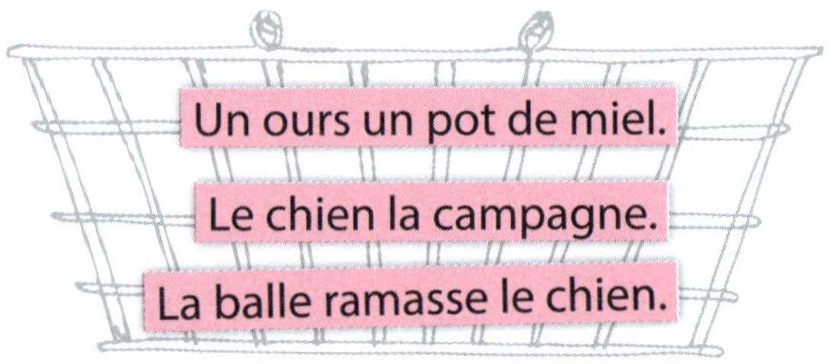

2 **Dans chaque phrase, soulignez le sujet de deux traits, le prédicat d'un trait.**

1. Le seigneur poursuit un cerf.
2. Les dames brodent une tapisserie.
3. Yvain combat le gardien de la fontaine magique.
4. Il essuie une terrible tempête.
5. Lancelot affronte de multiples épreuves.

3 **Formez des phrases simples en puisant un élément dans chaque sac.**

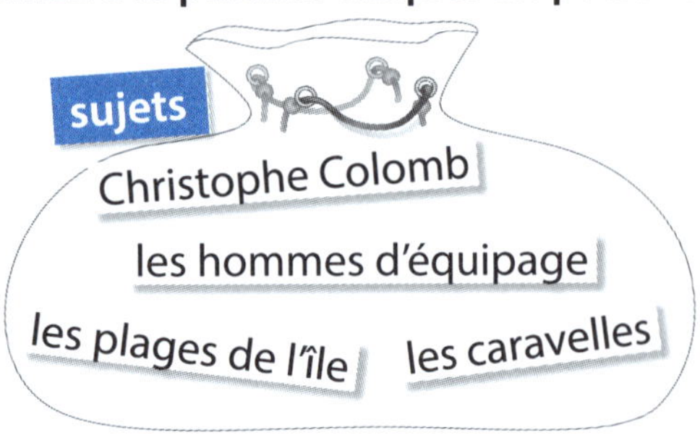

....

....

....

....

4 **Écrivez des phrases simples à partir de ces sujets en ajoutant un prédicat.**

1. Les récits de voyage ....
2. Le navigateur ....
3. Les dangers vécus en montagne ....

5 **Récrivez les phrases en ne gardant que les éléments essentiels.**

1. Lors de la fête, les chevaliers écoutent le roi. ....
2. Le chevalier, avec enthousiasme, raconte ses exploits. ....
3. Le traître a inventé une ruse pour nuire à Lancelot. ....

6 **Formez des phrases simples en puisant un élément dans chaque sac.**

sujets : l'équipe – la machine – les explorateurs – une étrange clarté

prédicats : creuse un tunnel – se reflète – donne des nouvelles – entendent un bruit sinistre

compléments de phrase : durant leur sommeil – dans les entrailles de la terre – pour rassurer les familles – sur les parois lisses du cratère

....

....

....

....

7 **Récrivez les phrases suivantes en les enrichissant avec un ou plusieurs compléments de phrase.**

1. Mon chat joue à la balle.

....

2. Ma sœur regarde la télévision.

....

Je récris et je rédige

8 **Corrigez ce texte en rétablissant ses cinq phrases simples.**

les marins transportaient des caisses ils obéissaient aux ordres du capitaine une voix forte annonça une terre en vue le capitaine félicita le jeune mousse de guet les hommes d'équipage témoignaient leur joie

....

....

....

9 **Enrichissez chaque phrase de l'exercice 8 avec des compléments de phrase qui peuvent être déplacés ou supprimés. Soulignez les compléments de phrase que vous avez ajoutés.**

....

....

....

....

7 Le sujet

Pour repérer un sujet, on peut poser la question : « Qui ? » ou « Qu'est-ce qui… ? » ou tenter de l'encadrer par « C'est… qui », « Ce sont… qui ».

Je consolide mes apprentissages de cycle 3 — RÉVISER

- Le **sujet**, **élément essentiel** de la phrase, ne peut pas être supprimé car c'est ce dont on parle. Il **commande l'accord du verbe** en **personne** (1re, 2e, 3e) et en **nombre** (singulier, pluriel).
  Lancelot *devient chevalier.* ***Nous*** *devenons chevaliers.*
- La **classe grammaticale** d'un sujet peut être un **nom** ou un **groupe nominal**, un **pronom**, un **infinitif** ou un **groupe infinitif**. ***Être ponctuel*** *est une qualité.*

1 **Soulignez les sujets des verbes en gras et indiquez la classe grammaticale de chacun.**

1. La trousse de ma sœur **est** verte, la mienne **est** bleue. ....
2. C'**est** une incroyable aventure. Yvain **a tué** le monstre. ....
3. Savoir manier l'épée **a permis** au chevalier de gagner le tournoi. ....

2 **a. Soulignez les sujets. b. Récrivez les phrases en passant les sujets du singulier au pluriel et inversement.**

1. Le troubadour divertit le seigneur. ....
2. Nous entendons le chien aboyer. ....
3. Les servantes étendent le linge. ....

- Un **sujet** peut être le **sujet de plusieurs verbes**. Un verbe peut avoir **plusieurs sujets**.
  Arthur et ses chevaliers *se retrouvent.* ***Ils*** *tournoient et festoient.*
- Le **sujet** est généralement placé **avant le verbe**. Il peut être **inversé** dans :
  – les phrases interrogatives : *Venez-**vous** ?*
  – les propositions qui servent à rapporter un dialogue : *« Je vous remercie », dit-**elle**.*
  – les phrases commençant par un complément de phrase : *Sous la glace, se durcit **la terre**.*
  – certaines propositions subordonnées relatives : *Je lis le roman que m'a offert **ma sœur**.*

3 **Soulignez les sujets des verbes en gras.**

1. Un vieux pirate, avant de mourir, **dessina** une carte au trésor et la **confia** à un jeune homme. 2. Celui-ci **étudia** longuement la carte que lui **avait donnée** le pirate et **décida** de partir à la recherche du trésor. 3. Le jeune capitaine et son équipage **embarquèrent** sur un bateau.

4 **Complétez les phrases avec des sujets qui conviennent.**

1. Apprécies-.......... les romans de chevalerie ? 2. Dans ce champ se dérouleront .... 3. « .... souhaitons gagner les joutes », disent .... 4. Sur le pont-levis se croisent .... 5. « Que pensez-.......... de ce tournoi ? » demande ....

Je rédige

5 **Racontez un numéro de cirque en employant des sujets variés que vous soulignerez.**

8 L'attribut du sujet

Je consolide mes apprentissages de cycle 3 RÉVISER

- L'attribut du sujet exprime une **caractéristique du sujet**. Il est relié au sujet par un verbe comme : *être, paraître, sembler, devenir, demeurer, rester, avoir l'air, passer pour…*
- Un attribut du sujet peut être un **nom** ou un **groupe nominal**, un **adjectif** ou un **participe passé**, un **pronom**, un **verbe à l'infinitif** ou un **groupe infinitif**.
  *Paul semble **heureux** et **soulagé**. Ce livre est **le tien**. Son plaisir est **de courir**.*
- Si l'attribut du sujet est un adjectif, un nom ou un pronom, il **s'accorde avec le sujet**.
  *Il est **heureux**. Elle est **heureuse**. Il est **roi**. Elle est **reine**.*

1 **a. Barrez les trois phrases sans attribut du sujet. b. Soulignez l'attribut du sujet dans les autres phrases.**

1. Elle paraît sereine. 2. La châtelaine paraît à sa fenêtre. 3. Le roi demeure à la cour. 4. Le chevalier demeure stupéfait à la vue du prodige. 5. Yvain est très courageux. 6. Au début du roman, Yvain est chez le roi Arthur.

2 **a. Entourez les sujets. b. Soulignez les attributs du sujet et indiquez leur classe grammaticale.**

1. Certains romans d'aventure demeurent célèbres. ……………………
2. Yvain reste mon héros préféré, Perceval est le tien. ……………………
3. Son activité préférée est de chanter dans une chorale. ……………………

3 **Complétez chaque phrase avec un attribut du sujet respectant la classe grammaticale indiquée entre parenthèses.**

1. La pièce de théâtre semble …………………… aux yeux des spectateurs. (*adjectif*)
2. Les personnages de la pièce sont principalement …………………… . (*GN*)
3. Le public paraît …………… . (*participe passé*)

4 **Récrivez le texte en remplaçant « Paul » par « Les deux sœurs ». Faites toutes les modifications nécessaires.**

Paul semble satisfait de la sortie. Il est à la fois heureux et fier d'avoir pris de belles photographies.

……………………………………………………………

……………………………………………………………

Je rédige

5 **Décrivez votre héros préféré en employant trois attributs du sujet, que vous soulignerez.**

……………………………………………………………

……………………………………………………………

……………………………………………………………

9 Les compléments du verbe

Je consolide mes apprentissages de cycle 3 — RÉVISER

- Le **complément direct du verbe** ne peut être supprimé ni déplacé sans rendre la phrase incorrecte ou en changer le sens.
  *Il monte **un meuble**.* (= Il le construit.) ≠ *Il monte.* (= Il va vers le haut.)
- Le **complément direct du verbe** est directement relié au verbe, sans préposition.

1 En utilisant oralement une des manipulations proposées dans la bulle, repérez et soulignez les compléments directs du verbe.

1. Le page transporte l'épée.
2. Il a bien brossé le destrier.
3. Son zèle lui vaudra une récompense.
4. Il a servi ses maîtres durant cinq ans.
5. Il le voit.

Trois manipulations pour repérer le complément direct du verbe :
Qu'observe-t-il ? Il observe les danseurs.
Ce sont les danseurs qu'il observe.
Il les observe.

2 a. Entourez le numéro des phrases qui comportent un complément direct du verbe. b. Soulignez ces compléments directs du verbe.

1. Il parle à son professeur. 2. Il parle l'ancien français. 3. Le chevalier emporte le tournoi avec facilité.

4. Il marche avec aisance. 5. Elle préfère venir en bateau. 6. Elle songe à revenir.

- Le **complément direct du verbe** peut être :
  – un **nom** : *Il rencontre **Merlin**.*
  – un **groupe nominal** : *Il rencontre **un enchanteur**.*
  – un **pronom** : *Il **le** rencontre. L'enchanteur **qu'**il rencontre est Merlin.*
  – un **verbe à l'infinitif** ou un **groupe infinitif** : *Il veut **rêver**. Il veut **rêver à ses vacances**.*
  – une **proposition subordonnée conjonctive** : *Il pense **que je vais bien**.*
- Le **complément direct** se place en général **après le verbe**, sauf lorsqu'il est un **pronom personnel** ou le **pronom relatif *que***.
  *Tu lances **une balle**. Tu **la** lances. Je regarde la balle **que** tu lances.*

3 Soulignez les compléments directs du verbe et entourez leur classe grammaticale parmi celles proposées.

1. Le roi Arthur aime Guenièvre. *(nom / groupe nominal)*
2. Le renard et le loup cherchent de la nourriture. *(groupe nominal / pronom)*
3. Parmi tous les poissons, le renard préfère ceux-ci. *(groupe nominal / pronom)*
4. La dame sait que son chevalier préféré a gagné. *(groupe nominal / proposition subordonnée conjonctive)*
5. Le page qu'il attend arrive. *(nom / pronom)*
6. Le traître doit s'enfuir. *(pronom / verbe à l'infinitif)*
7. Le filou pense que sa ruse réussira. *(groupe nominal / proposition subordonnée conjonctive)*

4 **Soulignez les compléments directs du verbe et indiquez leur classe grammaticale.**

1. Vendredi sert Robinson. .... Il l'accompagne sur l'île. ....
2. Robinson veut que Vendredi lui obéisse. ....
3. Tous deux aiment jouer au cerf-volant. ....
4. Ils marchent vers la cabane qu'ils ont construite. ....

5 **a. Soulignez chaque groupe nominal complément direct du verbe.**
b. Récrivez les phrases en remplaçant ces groupes nominaux par un pronom.

1. Le chef de troupe appelle les comédiens. .... 2. Les costumières préparent à la hâte un costume. .... 3. Les ouvreuses conduisent les spectateurs dans les travées. ....
4. Le public applaudit chaleureusement la troupe. ....

6 **Récrivez les phrases en remplaçant le GN en gras, complément direct du verbe, par le pronom relatif « que ».**

Ex. : *Il peint un paysage. Il connaît* ***ce paysage****.* → *Il peint un paysage* ***qu'****il connaît.*

1. Le chevalier observe l'épée. Le roi lui tend **l'épée**.
....
2. Les dames applaudissent un spectacle. Les troubadours donnent **un spectacle** à la cour.
....
3. Le chevalier traître lance un défi. Gauvain relève **ce défi**.
....

7 **a. Soulignez chaque groupe nominal complément direct du verbe. b. Récrivez les phrases en remplaçant ces groupes nominaux par une proposition subordonnée conjonctive introduite par « que ».**

1. Il craint l'arrivée du brouillard. ....
2. Les paysans désirent la pluie. ....
3. Les amis de Sophie souhaitent sa réussite. ....
4. Mes parents veulent mon bonheur. ....

- Le **complément indirect du verbe** est relié au verbe par les **prépositions** *à* ou *de*. Il ne peut être supprimé ni déplacé sans rendre la phrase incorrecte ou en changer le sens.
  Il parle ***à son frère****. Il parle* ***d'un film****.*
  Il rêve ***d'une victoire****.* (= Il espère une victoire.) ≠ *Il rêve.* (= Il laisse aller sa pensée.)
- Le **complément indirect du verbe** peut être :
  – un **nom** ou un **groupe nominal** : *Il parle* ***de Sophie****. Il parle* ***de sa sœur****.*
  – un **pronom** : *Il parle* ***de vous****.*
  – un **verbe à l'infinitif** ou un **groupe infinitif** : *Il parle* ***de partir****,* ***de voyager en Asie****.*
- Les **pronoms compléments indirects** du verbe *me*, *te*, *se*, *lui*, *nous*, *vous*, *leur*, *en*, *y* s'emploient sans préposition et se placent avant le verbe.
  Il ***lui*** *sourit. Il* ***leur*** *sourit. Il* ***y*** *pense. Il* ***en*** *rêve.*

8 **Entourez les prépositions *à* et *de (d')*, puis soulignez les groupes compléments indirects du verbe.**

1. Il plaît à des amateurs de musique. **2.** Paul cherche à imiter ses musiciens préférés. **3.** Son succès dépendra de son talent. **4.** Il se souvient d'un pianiste renommé et cherche à jouer aussi bien. **5.** Le musicien à qui vous parlez est un jeune violoniste.

9 **Entourez le numéro des phrases qui comportent un complément indirect du verbe et soulignez ces compléments indirects du verbe.**

1. Pense à préparer tes valises. **2.** Elle cherche à s'améliorer en langues. **3.** Tu nous as reconnus. **4.** Il veut aller à Venise. **5.** La jeune femme à qui vous souriez travaille à la mairie. **6.** Il leur obéit.

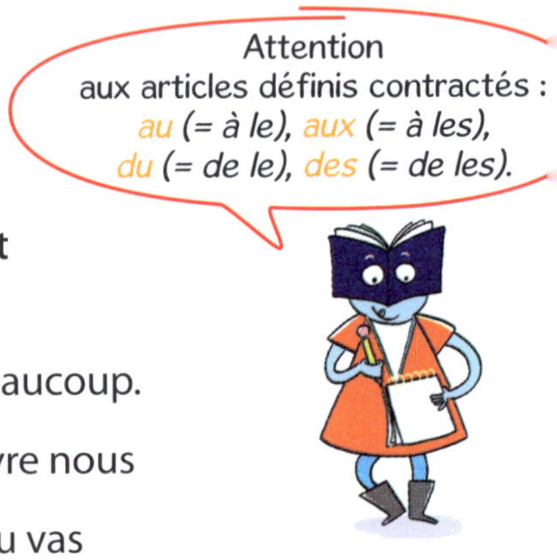

10 **Entourez les groupes nominaux compléments indirects du verbe et soulignez les pronoms compléments indirects du verbe.**

1. Il parle des films récents. **2.** Elle apprécie son amie et lui ressemble beaucoup. **3.** Il a manqué de délicatesse dans le traitement de cette affaire. **4.** Ce livre nous appartient. **5.** Il participera sûrement aux prochaines compétitions. **6.** Tu vas découvrir le bonheur auquel tu crois. **7.** Peut-elle réussir ? Elle en doute. **8.** Elle pratique le tennis et y joue deux fois par semaine. **9.** Cette fête plaît aux enfants, ils en parlent sans cesse.

- Certains verbes comme *offrir, donner, enseigner, expliquer, priver, enlever…* peuvent se construire avec deux compléments du verbe : un complément direct et un complément indirect :
  Il envoie des messages à son ami. Il lui envoie des messages.
- Certains verbes comme *parler* et *faire part* peuvent se construire avec deux compléments indirects du verbe :
  Il parle de ses vacances à son ami. Il lui parle de ses vacances.

11 **a.** **Soulignez les compléments directs du verbe.** **b.** **Entourez les compléments indirects du verbe.**

1. Le professeur enseigne les mathématiques à ses élèves.
2. Il prévient les enfants du prochain contrôle.
3. Les enfants à qui il explique la géométrie comprennent vite.
4. Marie confie à Alice qu'elle a échoué.
5. Alice donne des conseils à son amie.
6. L'enseignant demande aux élèves s'ils ont compris.

12 **a.** **Soulignez les compléments directs du verbe.** **b.** **Entourez les compléments indirects du verbe.**

1. Les jongleurs acceptèrent de venir en nombre. **2.** Ils dirent au châtelain qu'ils danseraient à la veillée. **3.** Puis ils lui dévoilèrent une partie de leur spectacle. **4.** Le seigneur se soucia de leur bien-être et appela les servantes auxquelles il commanda de la nourriture en abondance. **5.** Elles lui demandèrent si elles serviraient à la cuisine.

c. Relevez les compléments indirects du verbe qui sont :

– des groupe nominaux : ....

– des pronoms : ....

– des infinitifs ou groupes infinitifs : ....

13 **Complétez les phrases par un autre complément indirect du verbe.**

1. Lancelot fait part de sa quête ....
2. Il parle .... à toute la cour d'Arthur.
3. Il avance vers la reine à qui il se plaint ....
4. La reine .... parle d'un chevalier nouvellement adoubé.
5. Le messager rend compte au roi ....

Je récris et je rédige

14 **Récrivez ces phrases en les complétant à l'aide d'un complément du verbe et en respectant les consignes entre parenthèses.**

1. Les vilains interdisent (*complément indirect/groupe nominal*) (*complément direct/groupe infinitif*). **2.** On (*complément indirect/pronom*) a annoncé (*complément direct/proposition subordonnée conjonctive*). **3.** Le page du seigneur apporte (*complément direct/groupe nominal*) (*complément indirect/groupe nominal*). **4.** Les vilains (*complément indirect/pronom*) le page a parlé se plaignent (*complément indirect/groupe nominal*).

1. ....
2. ....
3. ....
4. ....

15 **En vous inspirant du dessin, racontez la scène. Vous emploierez des compléments du verbe que vous soulignerez : en noir les compléments directs, en bleu les compléments indirects.**

10 Les fonctions dans le groupe nominal

L'épithète

Je consolide mes apprentissages de cycle 3 — RÉVISER

- Un groupe nominal peut comporter une épithète (**adjectif** ou **participe employé comme adjectif**) qui caractérise le nom :

  *Le **puissant** chevalier tient une **fabuleuse** épée, une épée **très impressionnante**.*

  GN GN GN

- Un adjectif s'**accorde** en genre et en nombre avec le nom qu'il caractérise :
  *un **fabuleux** sabre, de **fabuleuses** épées.*
- Un groupe nominal peut comporter **plusieurs adjectifs** :
  *Le chevalier traverse une **grande** forêt **éloignée** et **sombre**.*

  GN

1 **Soulignez les adjectifs et les participes épithètes qui caractérisent les noms en gras.**

1. Des **herbes** sèches recouvrent le **gazon** tondu.
2. Une tiède **brise** agite des **arbres** fleuris.
3. Un petit **sentier** mène à une mare d'**eau** stagnante.

2 **Dans les groupes nominaux, soulignez les adjectifs et les participes, et entourez les noms qu'ils caractérisent.**

1. Si la nuit était claire, nous verrions des étoiles filantes. 2. Une grosse lune argentée diffuse une légère clarté laiteuse. 3. Les champs labourés semblent endormis. 4. On dirait que la maison est enveloppée d'une étrange écharpe blanche et aérienne.

3 **Complétez les noms en gras par des adjectifs ou participes employés comme adjectifs en respectant la classe grammaticale demandée.**

Un (*adjectif*) .... **enfant** (*adjectif et son complément*) .... part un jour découvrir un **pays** (*adjectif*) .... Il transporte dans ses (*adjectif*) .... **mains** (*participe*) ...., une boule (*adjectif*) ....

4 **Entourez les groupes nominaux comportant un ou plusieurs adjectifs ou participes passés et soulignez ces épithètes.**

Thomas le Rouge, qu'on nommait ainsi à cause de la couleur rousse de ses longs cheveux mal peignés, avançait sans bruit au milieu des hautes fougères . Un vilain temps glacial obscurcissait les sombres sous-bois humides . Il était apeuré et parcourut rapidement une terre récemment défrichée.

D'après J. Mirande, *Double meurtre à l'abbaye*, 1998.

Je rédige

5 **Faites le portrait d'un personnage en employant au moins quatre GN comportant un ou plusieurs adjectifs (ou participes passés employés comme adjectifs) que vous soulignerez.**

Le complément du nom

Je consolide mes apprentissages de cycle 3 RÉVISER

- Dans un groupe nominal, le **complément du nom** complète un nom nommé « **nom-noyau** ». Ce complément est précédé d'une préposition : *à (au, aux), de (du, des), en , pour, sans, sur…* > *une étendue* ***d'eau douce***.
- Un complément du nom peut être :
  – un **nom** ou un **groupe nominal** : *un sac* ***en papier***, *la voiture* ***de ma mère*** ;
  – un **verbe à l'infinitif** : *une machine* ***à laver***.

6 **a. Entourez le mot complété par chaque groupe de mots en gras.**

un étui **en fer blanc** • un carton **d'invitation** • une boîte **à musique** • une rue **sans issue**

b. Quelle est la classe grammaticale des mots que vous avez entourés ? ....

c. Pourquoi les mots en gras sont-ils appelés des « compléments du nom » ?

....

d. Soulignez les mots qui relient le mot complété aux mots qui le complètent. Quelle est la classe grammaticale de ces mots ? ....

7 **En vous aidant des dessins, complétez les noms par un complément du nom dont la classe grammaticale vous est précisée entre parenthèses.**

une valise (*nom*) ....

un jouet (*nom*) ....

un bouquet (*groupe nominal*) ....

une statue (*nom*) ....

8 **Dans les groupes nominaux en gras, soulignez les compléments du nom.**

1. **Parmi les élèves du collège**, certains participent **au tournoi de volley**, d'autres **au concours de danse.**
2. **Les grands-parents de Louis** ont acheté un **téléphone sans fil** qu'ils mettront dans leur salon.
3. **Lors d'une visite du gymnase**, **les parents d'élèves** ont observé un **cours de gymnastique**.

9 **Soulignez les compléments du nom.**

1. Le séjour au ski a beaucoup plu aux enfants. 2. Mes vacances en colonie étaient plus agréables que les semaines passées en classe. 3. La semaine dernière, les restaurateurs ont servi aux touristes des tartes aux myrtilles. 4. Sans hésitation, il a commandé un repas sans dessert. 5. Cet art de vivre nous convient parfaitement.

- Un complément du nom peut être également :
  – un **pronom** : *la couleur* ***de la tienne****, l'enfant* ***dont*** *tu connais la famille* ;
  – un **groupe infinitif** : *l'envie* ***de vivre une grande aventure*** ;
  – un **adverbe** : *les récits* ***d'ailleurs****.*
- Un nom peut être complété par plusieurs compléments du nom :
  *la voiture [****de collection****] [****de mon frère****].*

10 **Entourez les compléments des noms en gras et indiquez leur classe grammaticale.**

1. Les **veillées** d'autrefois se passaient au **coin** du feu . ... / ....
2. Ce n'est pas le **moment** de rêver ni **celui** de discuter avec ses amis. .... / ....
3. Quelles œuvres préférez-vous : les **peintures** de celui-ci ou les **sculptures** de celui-là ? .... / ....
4. Avez-vous lu ce roman dont on vante les **mérites** ? ....

11 **Soulignez les groupes nominaux comportant plusieurs compléments du nom.**

1. Les clients de l'an passé ont réservé une salle de restaurant avec vue sur la montagne. **2.** Paul a réalisé une marionnette en fil de fer. **3.** De chaque côté de la rue principale de la ville se trouvent des marchands d'art moderne. **4.** Une statue d'Apollon en bronze orne le jardin.

12 **Soulignez chaque complément du nom et reliez-le par une flèche au nom qu'il complète.**

Une équipe de serviteurs du château suivit les traces du vicomte à travers les champs du domaine. Ils passèrent sous les branches d'un arbre chargé de fruits. Il ne subsistait que la moitié de chaque poire comme si quelqu'un avait fait le choix méthodique de les couper en deux. Le châtelain dont on pistait la trace laissait sur son passage des moitiés de tout.

D'après I. Calvino, *Le Vicomte pourfendu*, 1955.

Je récris et je rédige

13 **Récrivez ces groupes nominaux en remplaçant l'adjectif par un complément du nom.**

1. un spectacle nocturne : ....
2. une odyssée spatiale : ....
3. une mort accidentelle : ....
4. un homme imprévoyant : ....

14 **Rédigez un paragraphe qui aura pour titre un des groupes nominaux de l'exercice 13.**

Employez des groupes nominaux variés que vous soulignerez.

....
....
....
....

Le complément du nom : la proposition subordonnée relative

Je comprends

15 **A.** Le grand bateau [dont je te parle] s'appelle une caravelle.

B. Le vaisseau [auquel tu penses] est un galion.

a. Lisez les phrases A et B en supprimant les propositions entre crochets : les phrases restent-elles correctes et compréhensibles ? OUI ☐ NON ☐

b. Entourez en bleu le nom complété par chaque proposition entre crochets : où est-il placé par rapport à la proposition ? ....

c. Entourez en vert le mot qui introduit chaque proposition entre crochets : quelle est la classe grammaticale de ces mots ? ....

Je retiens, je m'entraîne et je progresse

- Une proposition subordonnée relative fait partie d'un groupe nominal. Elle complète un nom ou un pronom toujours placé avant elle. Sa **fonction** est d'être complément du nom :
  *Je croise un vieil **homme** [qui avance péniblement].*
- Une proposition subordonnée relative est **introduite par un pronom relatif simple** ou **composé** (voir p. 14 et 15) et elle **comporte** un verbe conjugué :
  *Je connais le chevalier [à **qui** il parle]. Je connais le chevalier [**auquel** il parle].*

16 **Entourez : a. en bleu les noms complétés ; b. en vert les pronoms relatifs. c. Soulignez les GN dont font partie les propositions subordonnées relatives entre crochets. d. Donnez la fonction de chaque proposition subordonnée relative.**

1. Je lui offre un cadeau surprenant [qui lui fera plaisir]. ....
2. Robinson parle à un jeune Indien [qu'il appellera Vendredi]. ....
3. Tu visites la célèbre île des Caraïbes [sur laquelle a vécu un pirate]. ....

17 **a. Entourez en vert les pronoms relatifs. b. Placez entre crochets les propositions subordonnées relatives. c. Soulignez les GN dont font partie les propositions subordonnées relatives.**

1. Il raconte l'étrange scène dont il a été le témoin .
2. Léa se souvient des anciens épisodes auxquels vous faites allusion .
3. Pensez à rapporter le matériel de jardinage que l'on vous a prêté .

18 **Placez entre crochets les propositions subordonnées relatives.**

1. Le loup **qui** est tenaillé par la faim guette le passage des moutons. 2. Le fermier **dont** le poulailler a déjà été attaqué se tient sur ses gardes. 3. Arthur invite un chevalier **qu'**il apprécie beaucoup au prochain tournoi.

- Un même nom peut être **complété par plusieurs propositions subordonnées relatives** :
  *La dame [**qui arrive**] et [**que salue le chevalier**] va assister au tournoi.*

19 **a. Placez entre crochets les propositions subordonnées relatives. b. Soulignez les noms complétés. c. Ajoutez une deuxième proposition subordonnée relative.**

1. Le jeune page qui accompagne le chevalier et que .... traverse la cour.

2. Le seigneur qui est puissant et dont .... se nomme Guillaume.

3. Ce tournoi auquel il participe et qu'.. vient de débuter.

- Une **proposition subordonnée relative** permet d'**éviter la répétition** du nom qu'elle complète : *Un jeune homme observe les chevaliers. Ce jeune homme se nomme Perceval.* → *Un jeune homme [**qui** se nomme Perceval] observe les chevaliers.*
- Elle **enrichit le nom** ou **le GN** qu'elle complète.

20 **Transformez les couples de phrases en une seule phrase comportant une proposition subordonnée relative que vous mettrez entre crochets.**

1. Eudes veut être drapier. Un drapier coupe de beaux tissus.

....

2. Les armuriers préparent les armes. On entrepose les armes dans le donjon.

....

3. Les vilains se rendent à la ville. À la ville se déroule la foire.

....

Je récris et je rédige

21 **Récrivez ces groupes nominaux en remplaçant le complément du nom par un adjectif.**

1. un fruit sans odeur : ....
2. un trône de roi : ....
3. un château du Moyen Âge : ....
4. un trajet sur terre : ....
5. une visite de président : ....
6. une route en mer : ....

22 **Complétez le GN souligné par deux propositions subordonnées relatives que vous mettrez entre crochets.**

Je voyais de sombres nuages ....

....

23 **Faites le portrait d'un personnage de votre choix en employant au moins quatre adjectifs, deux compléments du nom et deux propositions subordonnées relatives que vous soulignerez de trois couleurs différentes.**

....

....

....

....

11 Les compléments de phrase ou circonstanciels (1) : lieu, temps, manière, moyen

Je consolide mes apprentissages de cycle 3 — RÉVISER

- Les **compléments de phrase** ou **circonstanciels** précisent les circonstances d'une action, d'une situation : le **lieu** (*où ?*), le **temps** (*quand ? combien de temps ?*), la **manière** (*comment ?*), le **moyen** (*comment ? au moyen de quoi ?*). Ils **peuvent être supprimés** et **déplacés** et peuvent **s'additionner** dans une même phrase :
  __Le soir de septembre__, __dans la forêt__, un chevalier combat __vivement__ son adversaire __avec son épée__.
  (*Le soir de septembre* : c. c. de temps ; *dans la forêt* : c. c. de lieu ; *vivement* : c. c. de manière ; *avec son épée* : c. c. de moyen)
- Les compléments de phrase peuvent être des **noms** ou des **GN**, généralement introduits par une préposition (*dans la forêt*), des **pronoms** (*devant lui*), des **adverbes** (*vivement*).

1 **Précisez la circonstance exprimée (lieu, temps, manière, moyen) par chaque complément de phrase en gras.**

1. **À la cour d'Arthur** se déroule un festin. .... 2. **Durant le festin**, un chevalier raconte **longuement** sa quête. .... 3. Il a **loyalement** servi le roi **avec son épée**. .... 4. **Avec courtoisie**, les cavaliers se saluent **sur le pont-levis**. ....

2 **Pour chaque complément de phrase en gras, précisez la circonstance exprimée.**

Lors de sa quête (......................), Yvain a combattu **avec prouesse** (......................) un monstre. Il a **imprudemment** (......................) touché **avec ses mains** (......................) la fontaine magique **près du grand pin** (......................).

3 **Complétez ces phrases avec les compléments de phrase demandés.**

1. (*lieu*) ...., Tristan a (*manière*) .... affronté le Morholt.
2. (*moyen*) ...., Yseut a lissé ses cheveux d'or.
3. (*temps*) ...., la servante avait préparé le philtre (*manière*) ....

4 **a. Répondez aux questions par une phrase comportant un complément de phrase que vous soulignerez.**
b. Précisez la circonstance exprimée.

1. Où le roi réunit-il ses chevaliers ? ....
2. Comment le roi a-t-il annoncé la nouvelle à la reine ? ....
3. Quand le tournoi aura-t-il lieu ? ....

Je rédige

5 **Imaginez une suite au texte de l'exercice 2.**

Vous emploierez des compléments de phrase que vous soulignerez de quatre couleurs différentes selon la circonstance.

....
....
....

12 Les compléments de phrase ou circonstanciels (2) : but, hypothèse

Je comprends

1 **Récrivez la phrase : a. en déplaçant les compléments en gras ; b. en les supprimant.**

Si l'ennemi attaque, Gauvain n'hésite pas à charger ses adversaires **pour remporter la victoire**.

a. ....

b. ....

c. Vos phrases restent-elles correctes et compréhensibles ? OUI ☐ NON ☐

d. De quel type de compléments s'agit-il ? ....

e. Soulignez le complément exprimant le but, entourez celui exprimant une hypothèse.

Je retiens, je m'entraîne et je progresse

- Un **complément de phrase** peut exprimer le **but** ou l'intention dans lesquels est accomplie une action. Il répond à la question : « dans quel but ? ».
- Un **complément circonstanciel de but** peut être :
  – **un nom** ou **un GN** introduit par les prépositions : *pour, en vue de…* ;
  – **un infinitif** ou **un groupe infinitif** introduit par les prépositions : *pour, afin de* ;
  – **une proposition subordonnée conjonctive introduite par les conjonctions de subordination :** *pour que, afin que, de peur que, de crainte que* (+ subjonctif).
  Le chevalier se bat ***pour l'honneur, pour gagner, pour que sa Dame soit fière de lui.***

2 **En posant la question « dans quel but ? », soulignez les compléments de phrase exprimant le but.**

1. Les colons cultivent du blé pour leur survie. **2.** Christophe Colomb est parti pour chercher les Indes. **3.** Les marins embarquent de la nourriture en abondance pour leur long voyage. **4.** Il faut que l'expédition soit préparée avec soin, afin qu'elle puisse réussir.

3 **a. Soulignez les compléments de phrase exprimant le but. b. Indiquez leur classe grammaticale.**

1. Les comédiens répètent leur texte en vue de la représentation. ....

2. Les techniciens montent sur scène pour installer les projecteurs. ....

3. La comédienne s'isole dans sa loge afin de répéter. ....

4. Nous applaudissons le chanteur pour qu'il revienne chanter d'autres airs. ....

....

Je rédige

4 **Complétez les phrases en employant des compléments circonstanciels de but.**

1. Les amis se retrouvent ....

2. Les athlètes doivent s'entraîner ....

3. Nous organisons une pétition ....

4. Le commissaire convoque les témoins ....

- Un **complément de phrase** peut exprimer une **hypothèse** : un fait qui n'existe pas encore et qu'on envisage.
- Un **complément circonstanciel d'hypothèse** peut être :
  – **une proposition subordonnée conjonctive** introduite par la conjonction de subordination « si » (s') :
  ***S'il pleut**, le festival est annulé.*
  – **un nom** ou **un GN** introduit par la préposition « en cas de » :
  ***En cas de pluie**, le festival est annulé.*
  – **un infinitif** ou **un groupe infinitif** introduit par la préposition *à condition de* :
  *Vous prendrez ce train **à condition d'arriver à l'heure**.*

5 **Soulignez les compléments de phrase exprimant l'hypothèse.**

1. Tu peux utiliser les réseaux sociaux à condition de préserver tes données personnelles. 2. Si tu n'y prêtes pas garde, les réseaux sociaux peuvent envahir ta vie. 3. En cas de cyber-attaque, il faut être très vigilant. 4. Si tu faisais une recherche sur Internet, tu trouverais des renseignements sur Magellan.

Je récris et je rédige

6 **a. Soulignez les compléments de phrase exprimant l'hypothèse. b. Récrivez les phrases en modifiant la classe grammaticale de ces compléments.**

1. Le héros sera admirable s'il respecte ses adversaires.

....

2. Les sirènes retentissent si un cyclone menace.

....

3. Ils pourront pénétrer dans le stade à condition d'avoir acheté un billet.

....

7 **Complétez les phrases avec un complément circonstanciel de votre choix exprimant l'hypothèse. Variez les constructions.**

1. Marc et Sylvie escaladeront ce pic ....
2. ...., consulte le dictionnaire.
3. ...., il ne reste plus qu'à attendre le dépanneur.
4. Ces cyclistes grimperont en trois heures ....

8 **Rédigez pour chaque dessin une phrase comportant un complément circonstanciel d'hypothèse que vous soulignerez.**

....

....

....

....

....

....

13 Les compléments de phrase ou circonstanciels (3) : cause, conséquence

Je comprends

1 **a. Récrivez la phrase en supprimant les groupes nominaux en gras.**

Grâce à leur courage, les chevaliers ont défendu le château **au point de dérouter les assaillants.**

....

b. Votre phrase reste-t-elle correcte et compréhensible ? OUI ☐ NON ☐

c. Recopiez la phrase de départ puis soulignez le complément de phrase exprimant la cause, et encadrez celui exprimant la conséquence.

Grâce à leur courage, les chevaliers ont défendu le château **au point de dérouter les assaillants**.

Je retiens, je m'entraîne et je progresse

- Un **complément de phrase** peut exprimer la **cause**, la **raison**, l'origine d'un fait. Il répond à la question : « **Pour quelle raison ?** ».
- Un **complément de phrase exprimant la cause** peut être :
  – une **proposition subordonnée conjonctive** introduite par *parce que, puisque, comme...*
  *Il est arrêté **parce qu'il a conduit trop vite.***
  – un **groupe nominal** introduit par *à cause de, en raison de, par, grâce à, étant donné, à force de, pour, sous prétexte de* (cause fausse).
  *Il est arrêté **pour excès de vitesse** et **en raison d'une autre infraction.***
  – un **verbe à l'infinitif** ou un **groupe infinitif** introduit par *à force de, pour, faute de.*
  *Il est arrêté **pour avoir conduit trop vite.***

2 **En posant la question « Pour quelle raison ? », soulignez les compléments de phrase exprimant la cause.**

1. Comme le voyage va durer, les marins emportent des vivres. **2.** Le bateau ne sort pas à cause du gros temps. **3.** Le capitaine, parce qu'il craint de manquer de vivres, rationne l'équipage.

3 **a. Soulignez les compléments de phrase exprimant la cause. b. Récrivez les phrases en changeant la construction des compléments de phrase exprimant la cause.**

1. En raison de son inexpérience, le jeune Perceval craint les chevaliers. ....
2. Perceval, faute de connaître la chevalerie, s'informe. ....
3. Puisqu'il est curieux, Perceval pose des questions. ....

4 **Complétez chaque phrase par un complément de phrase exprimant la cause.**

1. Serge risque de glisser en vélo ....
2. ...., Émilie boit un grand verre d'eau.

- Un **complément de phrase** peut exprimer la **conséquence**, le résultat d'un fait.
- Il peut être :
  – une **proposition subordonnée conjonctive** introduite par *si bien que, de telle sorte que....*
  Il se bat courageusement ***si bien qu'il gagne le tournoi****.*
  – un **verbe à l'infinitif** ou **un groupe infinitif** introduit par *jusqu'à, au point de, assez... pour, trop... pour.*
  Il résiste ***au point de mettre en fuite l'ennemi****.*
  – un **nom**, un **groupe nominal** introduit par *jusqu'à.*
  Il combat ***jusqu'à épuisement****.*

5 **Soulignez les compléments de phrase exprimant la conséquence.**

1. Ce garçon est bavard si bien qu'il gêne ses voisins.
2. Le jeune vilain est filou au point de tromper le riche marchand.
3. Le marchand vend du tissu de qualité de telle sorte qu'il contente ses clients.

6 **Complétez chaque phrase par un complément de phrase exprimant la conséquence, en variant les constructions.**

1. Le valet est en colère contre son maître ....
2. L'ours est un animal très fort, ...
3. Le renard flatte le corbeau ....

7 **Soulignez les compléments circonstanciels exprimant la cause et entourez les compléments circonstanciels exprimant la conséquence.**

L'église de Palos était petite, si bien qu'elle ne pouvait contenir tout le monde. On s'énervait à cause de la chaleur et de l'attente. Il y avait ceux qui, étant donné leur impatience, interrogeaient tout le monde jusqu'à saturation. Il y avait ceux qui, parce qu'ils étaient très âgés, attendaient sagement l'arrivée de Colomb.

D'après J.-C. Noguès, *Le Voyage inspiré*, 2002.

Je rédige

8 **En vous inspirant du dessin, rédigez :**

a. **deux phrases comportant un complément de phrase exprimant la cause, que vous soulignerez ;**

b. **deux phrases comportant un complément de phrase exprimant la conséquence, que vous encadrerez.**

a. ....

....

....

b. ....

....

....

Bilan 2
Les fonctions

LES CONSTITUANTS DE LA PHRASE

SUJET	PRÉDICAT	COMPLÉMENT DE PHRASE ou COMPLÉMENT CIRCONSTANCIEL
Ce dont on parle. Élément essentiel de la phrase.	Ce que l'on dit du sujet. Élément essentiel de la phrase.	Peut être supprimé ou déplacé. Élément facultatif.
Luc	{ *parle* / *parle anglais* / *est heureux*	*en voyage.*

FONCTIONS DANS LE GROUPE VERBAL

COMPLÉMENT DU VERBE	ATTRIBUT DU SUJET
Complète le verbe et ne peut être supprimé.	Exprime une qualité du sujet au moyen des verbes *être, sembler, paraître…*
Il sait sa leçon.	*Il semble heureux.*

FONCTIONS DANS LE GROUPE NOMINAL

ÉPITHÈTE	COMPLÉMENT DU NOM
Adjectif, participe caractérisant un nom.	– Mot ou groupe de mots précisant le nom et introduit par une préposition. *un élève de la classe* – Proposition subordonnée relative.
un enfant joyeux	*un élève qui fait un exposé*

Méthode 2
Enrichir un récit

Méthode

Pour enrichir un récit, on peut :

– insérer une **description** en **développant les groupes nominaux** avec des adjectifs, des GN compléments du nom, des propositions subordonnées relatives (voir p. 29) ;

– insérer des **compléments de phrase** exprimant le temps, le lieu, la manière, le moyen, le but, l'hypothèse... (voir p. 31-35) ;

– employer un **vocabulaire** plus **précis** ou plus **soutenu** (*le petit bateau, le canot, le frêle esquif*).

J'applique la méthode

D'Artagnan, furieux, avait traversé la longue **antichambre** en trois bonds. Il s'élança sur l'**escalier** dont il dévalait les marches. Mais le jeune **homme** emporté par sa course heurta violemment Athos qui arrivait par une **porte** de dégagement.

D'après A. Dumas, *Les Trois mousquetaires*, 1844.

Soulignez : a. en bleu, les enrichissements des noms en gras ; b. en vert, les compléments de phrase.

Évaluation 2

Le lion

La tête tournée de mon côté, un lion était couché sur le flanc. Un lion dans toute la force terrible de l'espèce et dans sa robe superbe. Le flot de la crinière se répandait sur le mufle allongé contre le sol.

Et entre les pattes de devant, énormes, qui jouaient à sortir et à rentrer leurs griffes, je vis Patricia. Son dos était serré contre le poitrail du grand fauve. Son cou se trouvait à portée de la gueule entrouverte. Une de ses mains fourrageait dans la monstrueuse toison.

« King le bien nommé. King, le Roi. » Telle fut ma première pensée. […]

Le lion releva la tête et gronda. Il m'avait vu. Une étrange torpeur[1] amollissait mes réflexes. Mais sa queue balaya l'air immobile et vint claquer comme une lanière de fouet contre son flanc. Alors je cessai de trembler : la peur vulgaire, la peur misérable avait contracté chacun de mes muscles. J'aperçus enfin, et dans le temps d'une seule clarté intérieure, toute la vérité : Patricia était folle et m'avait donné sa folie. Je ne sais quelle grâce la protégeait peut-être, mais pour moi…

Le lion gronda plus haut, sa queue claqua plus fort. Une voix dépourvue de vibrations, de timbre[2], de tonalité m'ordonna :

« Pas de mouvement… Pas de crainte… Attendez. » D'une main, Patricia tira violemment sur la crinière ; de l'autre, elle se mit à gratter le mufle du fauve entre les yeux. En même temps, elle lui disait en chantonnant un peu :

« Reste tranquille, King. Tu vas rester tranquille. C'est un nouvel ami. Un ami, King, King. Un ami… un ami… » […]

J. Kessel, *Le Lion*, © Gallimard, 1958.

1. ralentissement. 2. caractéristique de la voix.

Lire

1. a. Dans les lignes 1 à 11, soulignez les groupes nominaux qui caractérisent le lion. b. Quelle image du lion donnent-ils ? Répondez en citant des adjectifs du texte.

……………………………………………………………………………………

……………………………………………………………………………………

2. a. Dans les l. 29 à 32, relevez les compléments de phrase et précisez la circonstance qu'ils expriment.

……………………………………………………………………………………

……………………………………………………………………………………

……………………………………………………………………………………

b. Que révèlent ces compléments circonstanciels sur le comportement de Patricia avec le lion ?

……………………………………………………………………………………

……………………………………………………………………………………

3. Quel sentiment le narrateur éprouve-t-il durant cette scène ?

……………………………………………………………………………………

……………………………………………………………………………………

Écrire

Imaginez la suite du texte en veillant à enrichir le récit comme vous l'avez appris dans la Méthode 2.

14 La phrase simple

Je consolide mes apprentissages de cycle 3 RÉVISER

- Une phrase est **un ensemble organisé de mots** qui **forme un sens**.
- À l'écrit, une phrase **commence par une** majuscule et **se termine par un** point ou un signe de **ponctuation forte** (? ou !) : *L'aventurier affronte la tempête.*
- À l'oral, une phrase se marque par une **pause**, un silence **en fin de phrase**.
- On distingue :
  – les phrases verbales, qui s'organisent autour d'un **verbe** : *Le suzerain convoque ses vassaux.*
  – les phrases non verbales : **phrases nominales**, composées d'un **nom** ou organisées autour d'un **nom** (*Silence !*), **interjections** (*Oh !*), **onomatopées** (*Vlan !*), **apostrophes** (*Monseigneur !*), **mots-phrases** (*Oui.*).
- On distingue :
  – les phrases affirmatives : *Il aime les romans d'aventure.*
  – les phrases négatives (voir p. 40) : *Il n'aime pas les romans d'aventure.*

1 **Soulignez les verbes, puis formez une phrase correcte avec chaque série de mots.**

1. chasse – à – Arthur – part – la → ....
2. un – dans – Merlin – habite – château → ....
3. est – preux – un – Lancelot – chevalier → ....

2 **a. Soulignez les verbes conjugués à un mode personnel.**

Le vieux brigand se dressa d'un bond puis, balançant son coutelas de marin, il menaça de clouer le docteur au mur celui-ci ne broncha pas parfaitement calme et posé, il lui ordonna de remettre le couteau dans sa poche que fit alors le capitaine il baissa les yeux, faisant disparaître son couteau

D'après R. L. Stevenson, *L'Île au trésor.*

b. Récrivez le texte en rétablissant les points, le point d'interrogation et les majuscules.

....

....

....

c. Soulignez la phrase de forme négative.

3 **Transformez ces phrases, en faisant du nom en gras le sujet d'une phrase verbale.**

1. **Panique** chez les marins. ....
2. Menace d'**ouragan** sur les Caraïbes. ....
3. Soulagement des **alpinistes**. ....

4 **Transformez ces phrases en phrases nominales.**

1. On proclame les résultats du concours. ....
2. Le train arrivera prochainement en gare. ....
3. Des retards sont prévisibles à cause de la pluie. ....

- Il existe **quatre types de phrases** :

  – la **phrase déclarative** livre une information, se termine par un **point** et une **intonation descendante**.
  Il dévore les romans d'aventures.

  – la **phrase injonctive** exprime un **ordre**, une **interdiction**, un **conseil**, se termine par un **point** ou un **point d'exclamation**. *Partez à l'aventure. Vous ne partirez pas d'ici ! Vous partez dès ce soir. Défense de partir.*

  – la **phrase interrogative** (voir p. 42) pose une question, se termine par un **point d'interrogation** et une **intonation montante**. *Aimez-vous les romans d'aventure ?*

  – la **phrase exclamative** exprime un sentiment fort. Elle se combine avec les trois autres types de phrases et se termine par un **point d'exclamation**.
  Il dévore les romans d'aventures ! Partez à l'aventure ! Que dire de ce roman d'aventure !

5 **a. Indiquez le type de chaque phrase.**

Les chevaliers approchèrent du pont-levis impressionnant. (..................................) – Que faire ? (..................................) Soyons courageux. (..................................) Dominons notre peur. (..................................)

b. Transformez deux de ces phrases en phrases exclamatives.

....

6 **a. Soulignez la phrase interrogative. b. Quel est le type des autres phrases ?** ....

Philippe : [...] J'ai eu un accident sur la route. (......)

Thomas : Tu as eu un accident grave ? (......)

Philippe : Il y a eu un mort et un blessé. (......) J'ai eu de la chance. (......) Ce n'est pas moi qui ai été blessé. (......) Je n'ai pas été tué non plus. (......)

E. Ionesco, « L'automobile et ses roues », *Exercices de conversation et de diction françaises pour étudiants américains*, © Éditions Gallimard, 1974.

c. Indiquez après chaque phrase si elle est affirmative (A) ou négative (N).

Je récris et je rédige

7 **Récrivez les phrases injonctives en phrases déclaratives et inversement.**

1. Tu prépares soigneusement ton expédition. ....
2. Lisez des romans de Daniel Defoe ! ....
3. Nous suivrons les traces de Marco Polo. ....
4. Pars à l'aventure. ....
5. N'aie pas peur du danger. ....
6. Tu photographies des paysages magiques. ....

8 **a. Transformez la première phrase du texte de l'exercice 6 en une phrase exclamative.**

....

b. Imaginez une phrase injonctive de Thomas qui puisse précéder la première réplique.

Thomas : ....

15 La phrase négative

Je comprends

1 **a. Soulignez les phrases négatives. b. Entourez les négations.**

Jan m'avait suivi et avait tout entendu. Il me tira par la manche et m'entraîna à l'écart.

– Ne lui fais pas la cour ! me siffla-t-il à l'oreille. C'est la fille d'un membre de la guilde[1] de Saint-Luc. Tu n'es qu'un simple voilier[2]. Ce n'est pas possible. Tu vas faire votre malheur à tous deux.

S. Heuck, *Le Secret de maître Joachim*, trad. D. Miermont-Grente, © Éditions Gallimard Jeunesse, 2003.

1. corporation de marchands ou d'artisans. 2. ouvrier qui fabrique et répare les voiles des bateaux.

c. De combien d'éléments ces négations sont-elles composées ? ....

d. Où ces éléments sont-ils placés par rapport au verbe ? ....

Je retiens, je m'entraîne et je progresse

La place de la négation

- Dans la **phrase négative**, la négation se compose de **deux éléments** qui **encadrent le verbe** : *ne… pas*, *ne… plus*, *ne… jamais*, *ne… point*, *ne… guère*.
- Si le verbe est conjugué à un **temps composé**, la négation encadre l'auxiliaire.
  *Il **n'**était **pas** venu. Il **n'**a **pas** parlé.*
- La négation se place avant le mot qu'elle modifie :
  – dans une phrase nominale : ***Pas** de bruit, s'il vous plaît.*
  – avec un verbe à l'infinitif : ***Ne pas** faire de bruit. Pensez à **ne pas** faire de bruit.*

2 **a. Soulignez les négations. b. Indiquez le numéro de la phrase qui n'est pas négative : phrase** ....

1. Il n'a vu personne. 2. Une personne est venue annoncer la nouvelle. 3. Son projet n'avance guère. 4. On n'a jamais vu pareil exploit. 5. Il ne parvient point à ses fins. 6. Pas question de sortir.

3 **Récrivez ces phrases au passé composé.**

1. Le navire ne résiste pas à la tempête. ....
2. Le marin ne maintient plus le cap. ....
3. Il n'apprécie guère les ordres. ....

Les mots de la négation et leurs sens

- L'**intensité de la négation** peut être plus ou moins forte : *ne… pas*, *ne… pas du tout*.
  *Cette robe **ne** me plaît **pas**. Elle **ne** me plaît **pas du tout**.*
- *ne… que* est l'équivalent de *seulement* dans une phrase affirmative.
  *Il **n'**a **que** dix centimes en poche.* (= Il a seulement dix centimes en poche.)
- Les mots de la négation varient selon le niveau de langue : *Le suzerain **ne** parlait **point**.*
- *Ni*, dans une phrase négative, est l'équivalent de *et* : *Il ne pleure **ni** ne crie.*

- Les négations expriment **diverses nuances** et entraînent des **modifications de la phrase affirmative**.

	Phrase affirmative	Phrase négative	Exemples
Quantité	quelque chose, tout	ne… rien rien ne	*Il **ne** voit **rien**.* ***Rien ne** le touche.*
	beaucoup	ne… pas beaucoup ne… guère	*Il **ne** me plaît **pas beaucoup**.* *Il **ne** .... **guère**.*
	quelqu'un	ne… personne personne ne	*Il **ne** .... **personne**.* ....
	tous	ne… aucun aucun… ne	*Je **ne** .... **aucun** ....* ***Aucun** .... **ne** ....*
Temps	déjà	ne… pas encore	*Il **ne** fait **pas encore** jour.*
	encore	ne… plus	*Il **ne** .... **plus**.*
	toujours	ne… jamais	*Il **ne** pleut **jamais**.*
Lieu	quelque part, partout	ne… nulle part	*Il **ne** .... **nulle part**.*

4 **Complétez les exemples du tableau de la leçon, sur le modèle des trois premiers.**

5 **Transformez ces phrases affirmatives en phrases négatives en supprimant les éléments en gras. Faites les modifications nécessaires.**

1. Il a **toujours** tort. .... **2.** La neige a fondu **partout**. .... **3.** Cette expédition a **déjà** été racontée. .... **4.** De sa cabane, il voit **et** entend **tout**. ....

Je récris

6 **Transformez ces phrases affirmatives en phrases négatives en variant les négations.**

1. Son maître appréciait son audace. ....

2. Tout est perdu. ....

3. Le seigneur de Vaux aide ses vassaux. ....

4. Le rôti tourne encore sur la broche. ....

5. Nous fêtons toujours son anniversaire. ....

7 **Récrivez les phrases affirmatives suivantes en employant des négations.**

1. Quelle fut sa surprise aujourd'hui ! ....

2. Avancez encore. ....

3. Tout le monde a entendu parler de cette île. ....

4. Il sait tout sur les îles Galápagos. ....

5. Il fait beau partout. ....

16 La phrase interrogative

Je comprends

1 « Est-ce que je connais cette carte, moi ? Où est-elle ? Et toi le sais-tu ? […] Nous pouvons suivre une direction. Mais qui saura l'établir ? Comment ferons-nous ? Tu m'entends ? » s'écria Silver.

D'après R. L. Stevenson, *L'Île au trésor,* 1883.

a. **Lisez oralement le texte : combien de phrases interrogatives repérez-vous ?** ....

b. **Quel est leur signe de ponctuation distinctif ?** ....

c. **Entourez les sujets des verbes dans les phrases interrogatives.**

d. **Soulignez les mots ou groupes de mots interrogatifs.**

e. **Placez entre crochets les trois phrases qui appellent une réponse par « oui » ou par « non ».**

Je retiens, je m'entraîne et je progresse

Pensez à mettre un -*t*- à la 3e personne du singulier après les verbes terminés par une voyelle, pour une raison de prononciation : *A-t-il appris sa leçon ?*

- La phrase interrogative pose une **question**, se termine par un **point d'interrogation** et a une **intonation montante** : *Sais-tu nager ?*
- L'interrogation peut porter sur :
  – l'ensemble de la phrase (**interrogation totale**) : la réponse attendue est « oui, non, si » ;
  – un élément de la phrase (**interrogation partielle**).
- Les mots et constructions de l'interrogation totale diffèrent selon le niveau de langue.

familier	point d'interrogation et **intonation montante**	*Tu sais naviguer ?*
courant	emploi de est-ce que… ?	***Est-ce que** tu sais naviguer ?*
soutenu	Si le sujet est : – un pronom personnel → inversion du sujet – un nom ou un GN → reprise du sujet par un pronom personnel à la 3e personne	*Sais-**tu** naviguer ?* ***Théo** sait-**il** nager ?* ***Théo** aime-t-**il** naviguer ?*

2 **Indiquez pour chaque interrogation si elle est de niveau familier F, courant C ou soutenu S.**

1. Est-ce que les Tartares sont des nomades ? (......) **2.** Pourquoi quittent-ils l'Arménie en hiver ? (......) **3.** L'Arménie a vraiment de grandes montagnes ? (......) **4.** Le calife de Baudac possédait des perles ? (......) **5.** Est-ce que le calife fut puni de son avarice ? (......)

3 **Récrivez ces phrases familières en employant : a. le niveau courant ; b. le niveau soutenu.**

1. Marco Polo était italien ? **a.** .... **b.** ....

2. Il raconte un voyage réel ? **a.** .... **b.** ....

3. Il a vu les hommes-chiens ? **a.** .... **b.** ....

- Les mots de l'interrogation partielle varient selon la fonction du mot sur lequel porte l'interrogation.
- Ils appartiennent à différentes classes grammaticales :
  - les pronoms :
    - *Qui / Qu'est-ce qui ?* (sujet) : ***Qui** vient ? **Qu'est-ce qui** se passe ?*
    - *Qui / Que / Qu'est-ce que / Lequel ?* (complément direct du verbe) : ***Qui** vois-tu ? **Qu'est-ce que** tu vois ? **Lequel** vois-tu ?*
    - *Quoi / Auquel / Duquel ?* (complément indirect du verbe) : *À **quoi** rêves-tu ? **Auquel** penses-tu ? **Duquel** parles-tu ?*
  - les adverbes :
    - *Comment ?* (moyen, manière) : ***Comment** fait-il cela ?*
    - *Pourquoi ?* (cause) : ***Pourquoi** se tait-il ?*
    - *Où ?* (lieu) : ***Où** es-tu ?*
    - *Quand ?* (temps) : ***Quand** viendra-t-il ?*
  - le déterminant :
    - *Quel* (*quelle, quels, quelles*) : ***Quel** est ton nom ?*

4 Entourez chaque mot interrogatif, indiquez sa classe grammaticale et sa fonction.

1. Que pensait Molière au sujet des médecins ? .... / ....
2. Comment soignait-on la fièvre ? .... / ....
3. Qui est Argan ? .... / ....
4. Pourquoi Molière n'aimait-il pas les médecins ? .... / ....
5. Quelle pièce de Molière préfères-tu ? ....

5 Pour chaque question de Toinette : a. soulignez le mot interrogatif s'il y en a un ; b. indiquez s'il s'agit d'une interrogation totale ou partielle ; c. indiquez le niveau de langue.

1. Qui est votre médecin ? **b.** .... **c.** ....
2. Que sentez-vous ? **b.** .... **c.** ....
3. Vous aimez à boire du vin ? **b.** .... **c.** ....

Molière, *Le Malade imaginaire*, 1673.

Je récris et je rédige

6 Récrivez dans un niveau soutenu les interrogations courantes et familières de l'exercice 2.

....

....

....

....

7 Posez une question qui porte sur l'élément en gras dans chaque phrase-réponse.

1. **La Fontaine** a écrit cette fable. ....
2. Cette fable dénonce **l'avarice**. ....
3. Le voleur se comporte **avec malhonnêteté**. ....
4. Les comédies font rire **parce qu'elles se moquent de nos défauts**. ....

....

17 Les paroles rapportées directement

Je comprends

1 Il entendit un des trois aveugles qui dit aux autres :

« Je suis d'avis de retourner à Compiègne. Qu'est-ce que vous en pensez ? Depuis le temps que nous n'avons pas fait un vrai repas !… On peut en faire de bons à Compiègne.

– L'ami, tu parles d'or, répondit un de ses compagnons.

– Je voudrais déjà y être, crénom ! Allez, on retourne. »

D'après *Les Trois Aveugles de Compiègne*, fabliau, XIIIe s.

a. **Entourez les signes de ponctuation qui marquent le début et la fin du dialogue.**

b. **Quel signe de ponctuation et quelle disposition sur la page indiquent le changement d'interlocuteur ?**

....

c. **Relevez les deux verbes qui, dans le récit, servent à rapporter les paroles.** ....

d. **Relevez dans le dialogue un juron issu de l'oral.** ....

Je retiens, je m'entraîne et je progresse

- On peut **rapporter directement les paroles** prononcées par des personnes ou des personnages. Ces paroles rapportées **imitent l'oral** (tournures familières, hésitations…). En littérature, on les trouve au **théâtre** et **insérées dans des passages de récit**.
- Les **verbes** des paroles rapportées directement, sont majoritairement conjugués :
  – aux **1re** et **2e** personnes ;
  – à l'**indicatif présent**, **passé composé** ou **futur** et à l'**impératif**.
- On trouve dans les paroles rapportées directement les **quatre types de phrases** (voir p. 39).

2 **a.** **Dans le passage de dialogue du texte de l'exercice 1, soulignez les verbes et leurs sujets.**

b. **Quelles sont les personnes dominantes dans ce dialogue ?** ....

c. **Quel est le temps dominant dans le dialogue ?** ....

d. **À quel mode le verbe « Allez » est-il conjugué ?** ....

3 **Relevez dans le texte de l'exercice 1 :**

a. **deux phrases déclaratives :** ....

....

b. **une phrase interrogative :** ....

c. **une phrase injonctive :** ....

d. **deux phrases exclamatives :** ....

....

4 **a. Lisez oralement le passage suivant qui met en scène trois aveugles et un patron d'auberge.**

« **Nous avons une pièce d'or, patron. Pouvez-vous nous la peser exactement et nous rendre la monnaie ? Volontiers, mes amis.** Qui est-ce qui l'a ? Toi, Robert ? Non. C'est donc Barbefleurie ? Eh non, ça doit être toi. Pas du tout. C'est toi alors ? »

D'après *Les Trois Aveugles de Compiègne*, fabliau, XIIIe s.

b. Qui dialogue avec qui dans le passage en gras ? Soulignez les mots qui vous permettent de répondre.

c. Qui dialogue dans le passage en maigre ?

d. Recopiez le texte en rétablissant les sept répliques du dialogue, puis lisez-le oralement.

- L'insertion de paroles rapportées directement dans un récit se fait avec une **ponctuation particulière** :
  - les **deux-points** introduisent les paroles, le dialogue ;
  - les **guillemets** ouvrent et ferment le dialogue ;
  - les **tirets** indiquent les changements d'interlocuteurs ;
  - les **virgules** séparent les paroles rapportées du verbe de parole qui les suit ou qui est inséré.

5 **Rétablissez la ponctuation du dialogue aux endroits indiqués dans le texte.**

[...] Nicolas aperçut, au-delà d'un immense bassin, un bouquet de robes fleuries.

.... Tiens, tiens .... murmura-t-il en plissant les yeux.

.... Qu'y a-t-il ? s'enquit Jocelyn.

.... Viens, allons croiser le chemin de ces belles dames. Surtout ne les regarde pas. ....

A. Ténor, *Jeux de surprises à la cour du Roi-Soleil*, © Éditions Gallimard Jeunesse, 2001.

6 **Récrivez ce texte en reconstituant le dialogue avec la ponctuation adaptée.**

Les messagers saluent le paysan au nom du roi, et lui disent aussitôt Venez vite parler au roi. Et pour quoi faire ? répondit le vilain. À cause de votre grande science. Il n'y a pas sur terre un médecin qui vous vaille. Quand il s'entend nommer médecin, il répond qu'il n'a aucune connaissance en médecine. Et qu'attendons-nous ? dit l'un des messagers, tu sais bien qu'avant d'accepter, il veut être battu !

D'après *Le Paysan devenu médecin*, fabliau.

- Les **verbes introducteurs de parole**, qui font **partie du récit**, sont conjugués aux temps du récit.
- Ces verbes peuvent **se placer** :
  – **avant les paroles rapportées**, dont ils sont séparés par deux-points : *Il **cria** : « J'ai faim ! »*
  – **à l'intérieur des paroles rapportées**, placés entre virgules : *Quel est, **demanda**-t-il, le prix de ce tissu ?*
  – **après les paroles rapportées** : *« Où vas-tu ? **demanda**-t-il.*
  *– Je vais à Venise. » **répondis**-je.*
- Les verbes introducteurs de parole servent à :
  – **distinguer les interlocuteurs** et **organiser le dialogue** (*interroger, répondre…*) ;
  – exprimer des **sentiments** (*crier, gémir*) ;
  – indiquer l'**intensité** ou le **ton** de la voix (*hurler ≠ murmurer…*).

7 **Placez dans chaque bulle les verbes qui lui correspondent.**

annoncer • crier • demander • interrompre • intervenir • insister • plaisanter poursuivre • rétorquer • susurrer • refuser • s'étonner • s'exclamer • se lamenter

Sentiments	Organisation du dialogue	Intonations
……………………	……………………	……………………
……………………	……………………	……………………
……………………	……………………	……………………

8 **a. Quel est le temps du récit d'après la première phrase ?** ……………………

b. Ajoutez des verbes introducteurs de parole avec leur sujet.

Un sursaut du navire projeta l'envoyé royal Rodrigo Sanchez sur le capitaine Colomb.

« Vous voilà, don Rodrigo ! ……………………

– Vous qui avez de bons yeux, ne voyez-vous rien ? ……………………

– Par ma foi, je ne vois rien ……………………

– Vraiment ? » ……………………

D'après J.-C. Noguès, *Le Voyage inspiré*, 2002.

Je récris

9 **Récrivez ce texte en rétablissant le dialogue entre un narrateur à la première personne et Baldo. Insérez des verbes introducteurs de dialogue que vous conjuguerez au temps du récit.**

Baldo regarda autour de lui. Le maître ne veut pas qu'on monte cet escalier. Mais pourquoi ? On ne le sait pas. Il baissa un peu plus la voix. On dit… Quoi ? Eh bien… certains prétendent que le maître a caché là-haut un cadavre. Le cadavre de qui ? On n'en sait rien.

D'après P. Molina Llorente, *Le Petit Peintre de Florence*, 2002.

……………………

……………………

……………………

……………………

18 La phrase complexe (1) : juxtaposition et coordination

Je comprends

[Le chat lance sa monture jusqu'au piège] ; [il ne l'esquive pas], mais [il le franchit d'un bond].

D'après *Le Roman de Renart*, XIIIe s.

1 **a. Soulignez les verbes : combien y en a-t-il dans chaque proposition entre crochets ?** ....

b. Combien la phrase comporte-t-elle de verbes ? .... **de propositions ?** ....

2 **a. Entourez le point-virgule et la conjonction de coordination.**

b. À quoi ces deux éléments servent-ils ? ....

Je retiens, je m'entraîne et je progresse

- Une **proposition** s'organise **autour d'un verbe conjugué**. Elle comporte : un **sujet** + un **verbe conjugué** + (un ou plusieurs **compléments**) : *L'enfant appela son père.*
- Une **phrase complexe** comporte **plusieurs propositions**. Dans une phrase complexe, il y a **autant de propositions** que de **verbes conjugués**.
  *[L'enfant **appela** son père] mais [celui-ci ne l'**entendit** pas].* (2 verbes conjugués → 2 propositions)

3 **a. Soulignez les verbes conjugués. b. Délimitez les propositions avec des crochets.**

1. Le paysan découvre dans une ornière un piège : un braconnier l'y avait déposé .
2. Ce paysan est malin et il sait déjouer les pièges ; le braconnier ne perd rien pour attendre , car il passera bientôt un mauvais quart d'heure .
3. « Loïc, vous êtes un filou , vous ne respectez pas la propriété d'autrui et vous me portez tort . »

4 **a. Soulignez les verbes conjugués. b. Barrez la (ou les) phrase(s) simple(s). c. Délimitez avec des crochets les propositions des phrases complexes.**

1. Loïc se défend énergiquement contre les accusations du paysan : il clame son innocence .
2. Deux gros chiens surgissent : ils aperçoivent le braconnier , aboient furieusement ; aussitôt le braconnier prend peur . Il prend la fuite le long du sentier en direction de la forêt.

- Une **phrase complexe** peut être composée de :
  – **propositions juxtaposées**, c'est-à-dire séparées par une **virgule**, un **point-virgule** ou **deux-points**.
  [Frocin accourt], [il insulte Tristan] : [c'est son ennemi de toujours].
  – **propositions coordonnées** par des **conjonctions de coordination** (***mais***, ***ou***, ***et***, ***donc***, ***or***, ***ni***, ***car***) ou des **adverbes** (***puis***, ***cependant***...).
  *[Frocin accourt], **puis** [il insulte Tristan] **car** [c'est son ennemi de toujours].*

5 **Composez cinq phrases complexes en associant chaque proposition de la liste A à une proposition de la liste B.**

A	B
Le renard sourit •	• ou se moque des gens.
Le renard s'est couché •	• ni ne reprend son souffle.
Le renard a une belle fourrure, •	• et il mime un mort.
Le renard joue des tours •	• car sa ruse a réussi.
Le renard ne ménage pas sa peine •	• les marchands en tireront donc un bon prix.

6 **Transformez ces couples de phrases simples en phrases complexes en employant : a. la juxtaposition ; b. la coordination.**

1. Le cavalier éperonne son cheval. Il s'en va au grand trot.

a. ....

b. ....

2. Il ne salue personne. Au fond de lui, il méprise tout le monde.

a. ....

b. ....

3. Le chien est pris de frayeur. Il se sauve.

a. ....

b. ....

7 **a. Soulignez les verbes conjugués. b. Délimitez les propositions avec des crochets. c. Entourez la conjonction de coordination quand il y en a une.**

La maison était remplie de victuailles : le poulailler regorgeait en poules. Le jardin était clôturé et de gros pieux maintenaient la palissade d'aubépines. Le maître avait enfermé les poules car il craignait le renard.

Je rédige

8 **À partir des vignettes, rédigez un petit texte au présent de l'indicatif en employant trois phrases complexes qui comportent des propositions juxtaposées et/ou coordonnées.**

....

....

....

19 La phrase complexe (2) : la subordination

Je comprends

1 **a. Soulignez le complément du verbe dans chaque phrase.**

b. Laquelle des deux phrases comporte une proposition subordonnée comportant un verbe conjugué à un mode personnel ? ....

A. Harpagon interdit de servir des plats trop chers.

B. Harpagon interdit qu'on serve des plats trop chers.

2 **a. Rayez les propositions subordonnées qui pourraient être supprimées sans rendre la phrase incorrecte.**

[Quand il organise un festin], Harpagon interdit qu'on serve des plats [qui lui paraissent trop chers].

b. Relevez celle qui complète le GN « des plats ». ....

Je retiens, je m'entraîne et je progresse

- Une phrase peut comprendre une ou plusieurs propositions subordonnées : il s'agit d'une **phrase complexe**.
  Il demande [que le public applaudisse les acteurs] [qui ont si bien joué].
- Une **proposition subordonnée**
  – est introduite par une **conjonction de subordination** ou un **pronom relatif** (voir p. 14) ;
  – ne peut pas s'employer seule (~~*qui lui paraissent trop chers*~~) ;
  – est **complément** du verbe, de la phrase ou d'un GN.

3 **a. Identifiez dans chaque phrase la ou les propositions subordonnées et placez-les entre crochets. b. Entourez les mots qui les introduisent. c. Soulignez le verbe de chaque proposition subordonnée.**

1. Pensez-vous que votre femme vous frappe par méchanceté ?
2. Vous obéirez à votre femme, comme un bon mari doit le faire, même si elle vous bat quelquefois, quand vous faites des bêtises.
3. Si l'enfant se réveille la nuit, comme il fait très souvent, vous devrez vous lever pour le bercer.

D'après *La Farce du cuvier*, XVe s.

4 **Complétez ces phrases simples par une proposition subordonnée de votre choix.**

1. Cette femme crie ....
2. ...., le voleur s'empare des marchandises.
3. Ce récit .... nous a fait rire.
4. La femme du marchand veut ....

5 **Complétez ces propositions subordonnées de façon à construire une phrase complexe correcte.**

1. Quand le juge est entré, …………………………………………… .

2. ……………………………………………, parce que le public criait.

3. Comme ce discours est incompréhensible, ……………………………………………

4. Le juge décide ……………………………………………

- Une **phrase complexe** peut comprendre :

  – une **proposition subordonnée conjonctive**, **complément du verbe**, introduite par la conjonction de subordination ***que*** :
  Je veux [que tu viennes].

  – une **proposition subordonnée conjonctive**, **complément de phrase**, exprimant le temps, la cause, le but, l'hypothèse et introduite par une conjonction de subordination (*parce que, pour que, si...*) :
  Tu viendras [lorsque tu en auras le temps].

  – une **proposition subordonnée relative**, **complément d'un nom** ou **d'un groupe nominal**, et introduite par les pronoms relatifs ***qui, que, dont, où, lequel***... :
  Il connaît une personne [qui peut m'aider].

6 **a. Entourez les mots qui introduisent les propositions subordonnées : les pronoms relatifs en bleu, les conjonctions de subordination en rouge. b. Soulignez en bleu les propositions subordonnées relatives, en rouge les propositions subordonnées conjonctives.**

1. Avant son mariage, le chevalier demande [qu'on lui apporte un bel habit].

2. Le page avertit l'écuyer [pour qu'il vienne secourir son seigneur].

3. [Pendant qu'il combattait], le héros porta un coup [qui assomma son adversaire].

4. La dame espère [que son champion gagnera le tournoi].

Je récris et je rédige

7 **Rédigez des phrases complexes en complétant : a. les GN soulignés d'un trait par une proposition subordonnée relative ; b. les verbes soulignés de deux traits par une proposition subordonnée conjonctive.**

1. Le marchand …………………………… décide ……………………………

2. La foire attire les paysans et les clercs ……………………………

3. Le chevalier …………………………… veut ……………………………

8 **Complétez chaque phrase en ajoutant une proposition subordonnée complément de phrase.**

1. Paul fête son anniversaire …………………………… .

2. Les amis sont importants …………………………… .

3. Les jeunes fréquentent beaucoup les réseaux sociaux …………………………… .

4. Ce garçon timide s'isole …………………………… .

9 **a. Délimitez les propositions subordonnées conjonctives.**
b. Indiquez la circonstance exprimée (but, cause, hypothèse, temps) dans le rectangle.
c. Récrivez la phrase en déplaçant la proposition subordonnée.

1. Lorsque Jules lance une invitation , tous ses amis se rendent chez lui. ……………

……………………………………………………………………………

2. Loïc est jaloux de son frère Jules parce que le moniteur lui a donné le meilleur poney . ……………

……………………………………………………………………………

3. Si Loïc n'était pas si susceptible , il aurait plus d'amis. ……………

……………………………………………………………………………

4. Pour qu'une amitié puisse durer , il faut savoir faire des efforts. ……………

……………………………………………………………………………

10 **a. Récrivez les phrases en remplaçant les groupes de mots en gras par une proposition subordonnée de même sens.**
b. Entourez le mot qui introduit la proposition subordonnée et délimitez cette proposition.
c. Indiquez le type de chaque proposition subordonnée ainsi formée.

1. Léo est malheureux **en raison des insultes de ses camarades.**

…………………………………………… → subordonnée ……………

2. La mère Jaquette remarque **la désobéissance de son fils.**

…………………………………………… → subordonnée ……………

3. **Lors de la chute de Sophie**, son frère lui porte secours.

…………………………………………… → subordonnée ……………

4. Ce garçon est intelligent mais paresseux : **il n'obtient pas de résultats satisfaisants.**

…………………………………………… → subordonnée ……………

……………………………………………

11 **À partir du dessin, rédigez un petit texte en employant des phrases complexes qui comportent des propositions subordonnées que vous soulignerez.**

Méthode 3

Enrichir un récit avec un dialogue

Méthode

On peut enrichir un récit avec un dialogue.

- **Les rôles du dialogue**
  - rendre le récit plus vivant ;
  - faire progresser la situation, l'action (par exemple par un jeu de questions/réponses) ;
  - révéler les sentiments, le comportement des interlocuteurs.
- **L'écriture du dialogue**
  - respecter la **ponctuation du dialogue** (voir p. 44) ;
  - employer une **ponctuation expressive** : points d'exclamation pour souligner les sentiments, points de suspension pour marquer l'hésitation ;
  - employer des **verbes de parole expressifs**, à des places variées, et conjugués aux temps du récit (présent/passé simple – imparfait).

Verbes de parole pour exprimer	Exemples
une déclaration	*déclarer, annoncer, lancer, expliquer, préciser, prévenir, avertir, avouer, ajouter, objecter…*
une demande	*demander, prier, supplier, interroger, questionner, enquêter, s'enquérir…*
une réponse	*répondre, répliquer, ajouter, nier, refuser, interrompre…*
une intonation ou un sentiment	*crier, s'écrier, s'exclamer, hurler, gronder, tonner… ≠ murmurer, susurrer, souffler…* *se lamenter, gémir, geindre… ≠ plaisanter, rire…* *injurier, invectiver… ≠ féliciter, louer…*

J'applique la méthode

Récrivez ce passage en ajoutant la ponctuation qui convient et en remplaçant les verbes « dire » par des verbes de parole plus précis et expressifs.

Le cuisinier grimpa à bord, agile comme un singe, et dès qu'il vit ce qui se faisait, dit :

Holà, camarade Qu'est-ce que cela signifie

Nous changeons la poudre de place, Jack, dit l'un d'eux.

Pourquoi, par tous les diables dit Long John. Si on fait cela, on va manquer la marée

Ce sont mes ordres dit le capitaine. Vous pouvez aller à vos fourneaux, mon garçon. Les hommes auront faim tout à l'heure.

Oui, oui, capitaine, dit le cuisinier, et, saluant en portant la main à ses cheveux, il disparut aussitôt dans la direction de sa cuisine.

D'après R. Stevenson, *L'Île au trésor*, 1883.

....

....

....

....

....

....

....

....

Évaluation 3

Un des chevaliers s'approche de Perceval ainsi prosterné[1]. Il cherche à le rassurer :

« N'aie pas peur, jeune homme, qui que tu sois. Tu n'as aucune raison d'être effrayé. Ni mes compagnons ni moi n'avons l'intention de te faire le moindre mal.

Perceval répond :

–Je n'ai nulle peur. Mais, dites-moi, n'êtes-vous pas des anges envoyés par notre Seigneur?

–Non, par ma foi, répond le chevalier en souriant. Ce serait grande vilenie[2] de chercher à te le faire croire. Je ne suis qu'un chevalier. Nous sommes à la recherche de cinq chevaliers et de trois filles qui les accompagnent. Dis-moi la vérité, si tu les as vus passer.

–Vous êtes chevalier ! Par ma foi[3], je ne sais ce que cela veut dire. Mais quelle est cette chose étrange que vous tenez à la main ?

–C'est une lance, enfant, mais réponds plutôt à ma question. »

Perceval n'en fait rien. Il est tout absorbé par le bouclier dont il touche le bas.

« Et à quoi cela sert-il ?

–C'est mon écu. Il me protège contre les coups de lance ou les flèches. Il me garantit ainsi de mauvaises blessures. Mais, à la fin, me répondras-tu ? » [...]

Perceval poursuit :

« Quel est cet étrange vêtement que vous portez ?

–C'est mon haubert[4]. Grâce à lui, tes javelots ne pourraient me faire aucun mal.

–Le ciel préserve les chevreuils et les cerfs d'en être munis ! » s'écrie Perceval.

Le chevalier et ses compagnons sourient de cette remarque. Dans sa grande naïveté, sans malice, Perceval demande alors :

« Êtes-vous né ainsi protégé ?

–Non, bien entendu », répond le chevalier en riant franchement.

Les Chevaliers de la Table Ronde,
Perceval le Gallois, adapté par François Johan,
L'ami de poche, © Casterman, 1987.

1. incliné en signe de respect. 2. ce serait une action très méprisable. 3. selon moi (expression d'origine religieuse, fréquente au Moyen Âge). 4. chemise en maille d'acier.

Lire

1. a. Avec qui Perceval dialogue-t-il ? ....

b. Soulignez les verbes introducteurs du dialogue.

c. Quelle forme de phrase Perceval emploie-t-il majoritairement ?

....

2. Expliquez le rôle de ce dialogue.

....

....

....

3. Qu'apprend-on sur le personnage de Perceval dans ce passage ?

....

....

Écrire

Vous rencontrez quelqu'un qui est habillé de façon étrange ou qui est équipé d'instruments inconnus. Racontez cette rencontre en insérant un dialogue.

20 La carte d'identité du verbe

Je consolide mes apprentissages de cycle 3 — RÉVISER

Le verbe et la conjugaison

- Le **verbe** est une **classe grammaticale** qu'on reconnaît en croisant plusieurs critères :
  - il exprime une **action** (*entendre*) ou un **état** (*paraître*) ;
  - il peut être **précédé d'un pronom personnel** (*je, tu, il…*) ;
  - il peut être **accompagné d'une négation** (ne… pas).
- La **conjugaison du verbe** se compose de **formes verbales qui varient** selon :
  - **la personne** : *j'entends, il entend* ;
  - **le temps** : *j'entends, j'entendais, j'entendis, j'ai entendu* ;
  - **le mode** : *j'entends, que j'entende, j'entendrais* ;
  - **le nombre** : *j'entends, nous entendons* ;
  - **la voix** : *j'entends, je suis entendu.*

1 **a. Complétez le tableau.**

INDICATIF

Présent	Passé composé
je finis	*j'*ai fini
il	*il* ....
nous finissons	*nous* avons fini
ils	*ils* ....

Imparfait	Plus-que-parfait
je finissais	*j'*avais fini
nous	*nous* ....

Passé simple	Passé antérieur
je finis	*j'*eus fini
il	*il* ....
ils finirent	....

Futur simple	Futur antérieur
je finirai	*j'*aurai fini
il	*il* ....
nous finirons	....
ils	....

CONDITIONNEL

Présent	Passé
je finirais	*j'*aurais fini
il finirait	*il* ....
nous finirions	*nous* ....
ils	*ils* ....

IMPÉRATIF

Présent	Passé
finis	aie fini
finissons	ayons fini
....	ayez fini

SUBJONCTIF

Présent	Passé
(qu') il finisse	*(qu') il* aie fini
(que) nous finissions	*(que) nous* ayons fini
(qu') vous finissiez	*(que) vous* ayez fini

INFINITIF

Présent	Passé
finir	avoir fini

PARTICIPE

Présent	Passé
finissant	(ayant) fini

b. Complétez : Il existe .... modes. Le mode indicatif compte .... temps.

c. Dans chaque mode, on distingue les temps simples (un mot) et les temps .... (................).

2 **a.** Indiquez entre parenthèses le temps de l'indicatif de chaque forme verbale. **b.** Transposez ces formes au temps composé correspondant.

il prit (……………………) → il …………………… • ils prendront (……………………) → ils ……………………

nous prenions (……………………) → nous …………………… • tu prends (……………………) → tu ……………………

Le radical

- On nomme **radical** la partie du verbe à laquelle s'ajoute la **terminaison** : ***pass**er*, ***fin**ir*, *v**oir***, *je **vois***, *nous **voy**ons*, *je **verr**ai*, *je **vi**s*.
- Selon les verbes, les temps comportent un ou plusieurs radicaux, aux différents modes : *vouloir*, présent de l'indicatif : *je **veu**x, nous **voul**ons, ils **veul**ent*.

3 **a.** Entourez le radical de chaque verbe à l'infinitif. **b.** Soulignez les autres radicaux. **c.** Indiquez le nombre de radicaux différents pour chaque verbe.

1. gémir : je gémis, tu gémis, il gémit, nous gémissons, vous gémissez, ils gémissent (……)
2. lancer : je lançais, tu lançais, il lançait, nous lancions, vous lanciez, ils lançaient (……)
3. pouvoir : je peux, tu peux, il peut, nous pouvons, vous pouvez, ils peuvent (……)

4 **a.** En vous aidant d'un tableau de conjugaison, entourez le radical correct pour chaque verbe, au temps et au mode indiqués. **b.** Conjuguez le verbe à ce temps aux 3 personnes du singulier.

1. voir (*futur simple de l'indicatif*) : verr- • voir- • ver- : ……………………
2. savoir (*futur simple de l'indicatif*) : sav- • ser- • saur- : ……………………
3. dire (*présent du subjonctif*) : di- • dir- • dis- : ……………………
4. prendre (*imparfait de l'indicatif*) : prenn- • prend- • pren- : ……………………

5 **a.** Entourez les verbes. **b.** Soulignez le radical. **c.** Indiquez le mode et le temps.

1. C'est alors que le loup vit une fumée sortir de la cuisine. 2. Les fils du paysan y tournaient des brochettes. 3. Le loup, sentant cette odeur inhabituelle, renifla. 4. Il goûterait volontiers cette viande si cela était possible.

1. …………………… / …………………… / …………………… / ……………………
2. …………………… / ……………………
3. …………………… / …………………… / …………………… / ……………………
4. …………………… / …………………… / …………………… / ……………………

Je rédige

6 Poursuivez le récit de l'exercice 5 et soulignez les verbes.

……………………………………………………………………

……………………………………………………………………

21 Le présent de l'indicatif et ses emplois

Je consolide mes apprentissages de cycle 3 RÉVISER

Le présent de l'indicatif

- Au présent de l'indicatif, les verbes ont **un ou plusieurs radicaux** :
  – verbes en *-er* : 1 radical : *je porte, nous portons* ;
  – verbes en *-ir/-issant* : 2 radicaux : *je grandis, nous grandissons* ;
  – autres verbes : *je viens, nous venons, ils viennent.*
- Les **terminaisons au singulier varient** selon les verbes.
- Les **terminaisons au pluriel** sont **identiques** pour tous les verbes.

singulier	-e, -es, -e	verbes en *-er*	*je porte, tu port......, il port......*
	-s, -s, -t	verbes en *-ir/-issant* autres verbes	*je grandis, tu grand......, il grand......* *je voi......, tu vois, il voit*
	-s, -s, ø	autres verbes	*je mets, tu met......, il met*
	-x, -x, -t	autres verbes	*je veu......, tu veux, il veu......*
pluriel	-ons, -ez, -ent	tous les verbes	*nous port........, vous port......, ils port........,* *nous gémissons, vous gémiss........, ils gémiss........,* *nous voy........, vous voy........, ils voient*

1 **a. Dans le tableau de la leçon, soulignez les radicaux des formes verbales complètes. b. Complétez les autres formes verbales.**

2 **Mettez les verbes au présent de l'indicatif à la personne indiquée.**

(*mentir*) je .... (*partir*) tu .... (*serrer*) nous ....
(*dépendre*) il .... (*aviser*) vous .... (*investir*) ils ....
(*pleuvoir*) il .... (*valoir*) tu .... (*frémir*) elles ....

3 **Transposez ces verbes au pluriel à la personne correspondante.**

je crie : .... tu justifies : .... elle rend : ....
il correspond : .... je ris : .... tu agis : ....

4 **Transposez ces verbes au singulier à la personne correspondante.**

elles suivent : .... vous fléchissez : .... nous admettons : ....
ils servent : .... elles serrent : .... vous battez : ....

5 **Récrivez ces phrases au présent de l'indicatif.**

1. L'enquêteur vérifiait toutes les pistes. **2.** Dormais-tu à la belle étoile ? **3.** Nous devions remplir des formulaires. **4.** Vous veniez de Rome. **5.** Il s'agissait de bien parler. **6.** Vous réduisiez le nombre des invités. **7.** Fallait-il parler ?

....

....

....

Les emplois du présent de l'indicatif

- Le présent de l'indicatif peut avoir plusieurs emplois :
  – **présent d'actualité** (des actions ou des états correspondant au moment où on l'on s'exprime) : « *Que* ***fais****-tu ?* »
  – **présent de vérité générale** : *L'eau* ***bout*** *à cent degrés.*
  – **présent d'habitude** : *Tous les matins, il* ***court*** *cent mètres.*
  – **présent de narration** (dans un récit au passé, pour rendre ce récit plus vivant) :
  Les marchands approchaient : le renard ***se couche*** *et* ***fait*** *le mort.*

6 **Soulignez les verbes au présent de l'indicatif et précisez l'emploi de chacun d'eux.**

1. Le marchand alla réclamer son argent : Pathelin joue alors le malade. (présent de ....)
2. Sa femme déclara : « Le pauvre, il ne peut plus parler normalement. » (présent d'..........................)
3. En toutes occasions, ce personnage prend les autres à son piège. (présent d'..........................)
4. Les farces appartiennent au genre du théâtre. (présent de ....)
5. À chaque ouragan, nous respectons les consignes de sécurité. (présent d'..........................)
6. Tout le monde s'interrogeait, en vain ; soudain, l'inspecteur s'écrie : « J'ai trouvé ! » (présent de ....)

7 **Complétez les phrases avec les verbes proposés conjugués au présent de l'indicatif, et précisez l'emploi de chacun d'eux.**

1. Une musique entraînante (*détendre*) .... toujours l'atmosphère. (..........................)
2. Arrête-toi ! Tu (*fléchir*) .... sous le poids de la charge. (..........................)
3. Vous (*lire*) .... chaque jour un nouveau chapitre. (..........................)
4. Il progressait dans la forêt quand, soudain, un bruit le (*surprendre*) .... (..........................)
5. L'inspecteur déclara : « Nous (*devoir*) .... reprendre le raisonnement depuis le début. » (..................)
6. Cette chaîne (*diffuser*) .... son journal à 20 heures. (..........................)

Je récris

8 a. **Soulignez la partie du texte où l'action devient intense.**
b. **Récrivez le texte en employant des présents de narration là où cela est possible.**

Les aventuriers progressaient lentement dans la forêt vierge. Chacun veillait à éviter les serpents et autres bêtes dangereuses. Le chef d'expédition donnait des ordres régulièrement pour diriger la petite troupe. La fatigue commençait à se faire sentir. Tout à coup un bruit sinistre stria l'atmosphère. Les voyageurs se regardèrent, inquiets. Leur chef les rassura. Dans le silence revenu, les peurs s'apaisaient, doucement.

22 Le futur de l'indicatif et ses emplois

Je consolide mes apprentissages de cycle 3 — RÉVISER

Le futur simple de l'indicatif et ses emplois

- Au futur de l'indicatif, les terminaisons sont les mêmes pour tous les verbes : -ai, -as, -a, -ons, -ez, -ont.
- Les verbes en -***er*** et en -*ir*/-***issant*** ont un seul radical, constitué de l'infinitif présent : *je porter**ai**, je finir**ai**.*
- La plupart des **autres verbes** ont un radical différent de l'infinitif : *je verr**ai**, je ser**ai**, j'aur**ai**, je viendr**ai**.*
- Le futur simple :
  – situe une **action dans l'avenir** (*Je **viendrai** demain.*) ;
  – exprime un **ordre** (*Vous **ferez** cet exercice dans votre cahier*).

Pour les verbes irréguliers, voir les tableaux de conjugaison.

1 **Placez chaque verbe au futur dans le domino qui lui convient.**

nous serons • nous aurons • il courra • je crierai • tu tiendras • vous ferez

être	....	faire	....	tenir	....
courir	....	crier	....	avoir	....

2 **Conjuguez ces verbes au futur de l'indicatif à la personne indiquée. Vous soulignerez le radical.**

(*rouler*) je .... (*photographier*) elle .... (*apporter*) tu ....

(*agir*) nous .... (*rugir*) ils .... (*sévir*) vous ....

(*cuire*) elles .... (*rendre*) tu .... (*boire*) je ....

3 **Conjuguez les verbes au futur de l'indicatif et précisez leur valeur (avenir ou ordre).**

1. Le héraut annonça : « Tous les seigneurs (*se rendre*) se .... au château pour le conseil. » (....................)
2. Les barons se réjouissent car ils (*aller*) .... au château pour le banquet qui (avoir).................... lieu le mois prochain ; ils (*entendre*) .... des jongleurs et (boire) .... du vin. (....................)
3. Les chevaliers (*se battre*) .... demain dans la cour du château. (....................)
4. « Madame, vous n'(*avoir*) .... pas à rougir de moi », assura le chevalier. (....................)
5. « Preux chevalier, je (*porter*) .... vos couleurs et vous (*gagner*) .... le tournoi pour moi. » (....................)

Je rédige

4 **Rédigez une recette de gâteau de votre choix en employant le futur de l'indicatif.**

23 L'imparfait et le passé simple de l'indicatif et leurs emplois

Je consolide mes apprentissages de cycle 3 — RÉVISER

L'imparfait de l'indicatif

- Le **radical de l'imparfait de l'indicatif** correspond à celui de la **1re personne du pluriel au présent de l'indicatif** : *Nous **pren**ons* → *je **pren**ais.*
- Les **terminaisons** sont les mêmes pour tous les verbes : **ais, -ais, -ait, -ions, -iez, -aient**.

Pour les verbes en *-cer, -ger, -eler, -eter, -yer*, voir p. 76.

Aux 1re et 2e personnes du pluriel, attention au « i » qui ne s'entend pas dans les verbes dont le radical se termine par un « i » ou un « y » : *nous criions, nous riions, nous croyions, nous payions.*

1 **Transposez ces formes verbales à l'imparfait de l'indicatif, à la personne indiquée.**

nous vivons → tu .... – nous saisissons → ils .... – nous peignons → je ....
nous retenons → vous .... – nous agissons → elles .... – elle rit → elle ....

2 **Conjuguez ces verbes à l'imparfait de l'indicatif, à la personne indiquée.**

(*verdir*) il .... (*appliquer*) tu .... (*parvenir*) ils ....
(*abattre*) nous .... (*promettre*) nous .... (*courir*) elle ....

3 **Rayez l'intrus dans chaque série.**

A. nous percions • nous sourions • nous parvenions • nous agitions • nous gémissions • nous repliions • nous sortions • nous décidions

B. je bataillais • je rageais • je songeais • je manquerai • je manquais • je signais

C. vous entriez • vous baissiez • vous protégiez • vous reliez • vous acceptiez

4 **Complétez ce tableau.**

Futur de l'indicatif	Imparfait singulier	Imparfait pluriel
je saurai	je	nous ....
elle remuera	....	....
nous accueillerons	....	....
il verra	....	....
tu feras	....	....
je courrai	....	....

5 **Récrivez ces verbes à l'imparfait de l'indicatif.**

vous priez → .... nous supplions → .... vous rayez → ....
nous voyons → .... vous essuyez → .... nous plions → ....

6 **Complétez ces phrases par des verbes conjugués à l'imparfait de l'indicatif.**

1. Le soleil (*rougir*) .... à l'horizon. **2.** Le chien (*rayer*) .... le parquet de ses griffes. **3.** Vous (*essayer*) .... de partir en Asie. **4.** Vous (*rire*) .... de bon cœur. **5.** Nous (*croire*) .... aux fantômes. **6.** Le toit des maisons (*briller*) .... au soleil.

Je récris

7 **Récrivez les phrases en conjuguant les verbes à l'imparfait de l'indicatif.**

1. Les marins de la caravelle abordent sur le rivage. **2.** Les Indiens les observent avec curiosité. **3.** L'or des Indiens scintille au soleil. **4.** Le chef qui les commande leur ordonne de se taire. **5.** Nous plions sous les cadeaux remis par les indigènes. **6.** Nous les remercions chaleureusement.

....

....

....

....

....

....

Le passé simple de l'indicatif

- Le **radical est le même à toutes les personnes** :
  *je **pens**ai, nous **pens**âmes ; je **grand**is, nous **grand**îmes ;*
  *je **v**is, nous **v**îmes, je **cr**us, nous **cr**ûmes.*
- Les **terminaisons** varient selon les verbes.
  – Verbes en ***-er*** :
  a : *je pensai, tu pensas, il pensa, nous pensâmes, vous pensâtes, ils pensèrent.*
  – Verbes en ***-ir/-issant*** :
  i : *je grandis, tu grandis, il grandit, nous grandîmes, vous grandîtes, ils grandirent.*
  – Autres verbes :
  i : *je rendis, tu rendis, il rendit, nous rendîmes, vous rendîtes, ils rendirent ;*
  u : *je crus, tu crus, il crut, nous crûmes, vous crûtes, ils crurent ;*
  in : *je vins, tu vins, il vint, nous vînmes, vous vîntes, ils vinrent.*

8 **Rayez l'intrus dans chaque liste.**

1. il remit • il finit • il défie • il battit • il perdit • **2.** tu pus • tu bus • tu remues • tu aperçus • **3.** je vantai • je priai • je parierai • je mangeai • **4.** je criai • je décidai • je jouais • je lançai

9 **Complétez les radicaux à l'aide de la terminaison qui convient.**

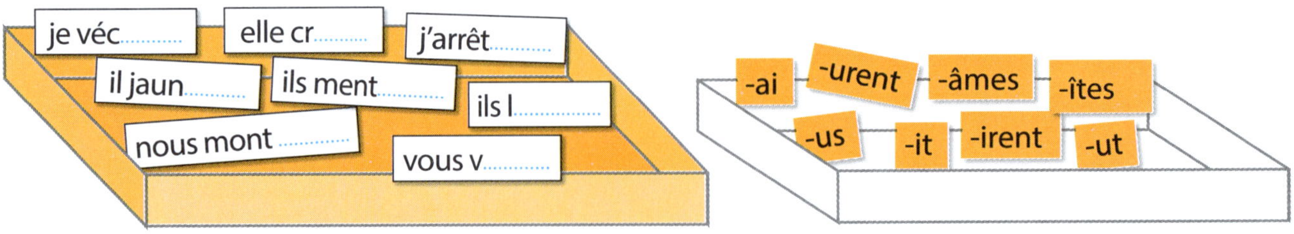

10 **Transposez ces verbes au passé simple à la personne du pluriel correspondante.**

1. je voulus .... **2.** il cria .... **3.** tu finis ....

4. elle prit .... **5.** je retins .... **6.** tu agitas ....

7. je fis .... **8.** elle courut .... **9.** elle revint ....

11 **Complétez le tableau en conjuguant les verbes au passé simple de l'indicatif.**

aller	avoir	être	plaire	servir
j'	j'	je	je	je ....
tu	tu	tu	tu	tu ....
il	il	il	il	il ....
nous	nous	nous	nous	nous ....
vous	vous	vous	vous	vous ....
elles	elles	elles	elles	elles ....

12 **a. Reliez d'une flèche chaque verbe au passé simple au verbe à l'infinitif qui correspond.**
b. Ajoutez le pronom personnel qui convient.

.... crut •	• crier
.... cria •	• faire
.... put •	• pouvoir
.... pua •	• être
.... fit •	• croire
.... fut •	• puer

Les valeurs de l'imparfait et du passé simple

- L'**imparfait de l'indicatif** s'emploie pour exprimer :
  – des actions passées inachevées, en cours de déroulement : *Il **marchait** à grands pas.*
  – une description, une action de second plan : *Le château **dominait** la vallée.*
  – des actions répétées ou habituelles : *Les chevaliers se **réunissaient** tous les ans.*
- Le **passé simple** s'emploie pour exprimer :
  – des actions, des faits ponctuels ou inhabituels : *Ce jour-là, le roi **adouba** Perceval.*
  – des actions importantes, de premier plan : *Ils montaient la garde quand le roi **arriva**.*
  – des actions, longues ou brèves, achevées, situées dans des limites précises : *Il **régna** vingt ans.*

13 **a. Précisez le temps de l'indicatif employé. b. Rayez les réponses erronées.**

1. Gargantua s'éveillait à quatre heures, puis il gambadait, sautillait, s'habillait, se peignait. (........ – description / habitude)
2. Avec son bâton, il frappa (........ – action de premier plan / action située dans des limites précises) les gens qui vendangeaient (........ – habitude / action de second plan).
3. Aux uns, il écrabouillait la cervelle, à d'autres, il brisait bras et jambes (........ – action passée inachevée / action ponctuelle).

D'après Rabelais, *Gargantua*, 1534.

14 **Précisez l'emploi de l'imparfait dans chacune de ces phrases.**

1. Chaque matin, il sortait son chien à huit heures. ....
2. Au loin, la mer scintillait et les petites voiles des bateaux dansaient sur les flots. ....
3. La famille dînait dans la cuisine. ....
4. Il prit la tête du cortège qui avançait lentement. ....
5. Lorsque les chevaliers combattaient en tournoi, ils portaient les couleurs de leur dame. ....
6. Les traits de ce jeune chevalier étaient doux ; son visage était encadré de cheveux blonds qui flottaient au vent. ....

15 **Précisez le temps de chaque verbe et l'emploi de ce temps.**

Le monarque priait (..........) tous les jours pour sa fille car il était (.......... ....) dans la plus grande inquiétude sur son état. Le retour des deux messagers lui rendit (..........) l'espérance, et il les fit (.......... ....) entrer aussitôt pour connaître le résultat de leurs recherches. Ceux-ci racontèrent (..........) leur aventure et lui présentèrent (..........) l'homme bizarre qu'ils lui amenaient (..........).

16 **Complétez les phrases en conjuguant les verbes à l'imparfait ou au passé simple de l'indicatif.**

Soudain une agitation (*régner*) .... dans la foule car un sang vermeil (*se mettre*) .... à couler du cadavre. Cela (*prouver*) .... que le meurtrier (*être*) .... dans la pièce. Les gens (*chercher*) .... partout, inlassablement. Ils (*crier*) .... de plus belle à chaque fois que les plaies (*se rouvrir*) ....

D'après *Yvain ou le Chevalier au lion*, XIIe s.

Je récris et je rédige

17 **Récrivez ce récit au passé en conjuguant les verbes au temps simple de l'indicatif qui convient.**

Le roi (*arriver*) et (*demander*) au baron félon de renoncer à ses ruses. Il lui (*promettre*) qu'il n'irait pas en enfer. Ce jour-là le baron ne (*vouloir*) pas s'opposer au roi. Le roi et sa cour se (*tenir*) dans la vallée quand le félon (*parvenir*) en haut d'un rocher qui la (*surplomber*).

....

....

....

18 **Récrivez ce récit au passé en conjuguant les verbes au temps simple de l'indicatif qui convient.**

La dame indique aux messagers du roi le champ où laboure son mari, et leur recommande surtout de ne pas oublier qu'il faut le battre pour lui faire avouer qu'il est médecin. Ils la remercient, s'arment chacun d'un bâton et, fonçant sur le vilain[1] le saluent de la part du roi et le prient de les suivre pour guérir la fille du roi. Le manant[1] répond qu'il sait labourer et que si le roi a besoin de services de ce genre, il les lui offre.

1. paysan.

....

....

....

....

....

....

19 **Poursuivez le récit de l'exercice 18 en employant des verbes au passé simple et à l'imparfait.**

Relisez-vous en soulignant les verbes pour vérifier leur conjugaison et pour vous assurer que vous avez choisi le temps qui convient.

24 Le participe passé

Je consolide mes apprentissages de cycle 3 — RÉVISER

- Un participe passé est **une forme verbale**.
- Il sert à **former les temps composés** des verbes à l'aide de l'auxiliaire *avoir* ou *être* selon les verbes : *j'ai* ***dansé***, *je suis* ***venu***, *il avait* ***pris***.
- Le participe passé peut être **employé comme adjectif** (voir p. 21 et 26).
- Les participes passés ont **cinq terminaisons** possibles au **masculin singulier** :
  – verbes en *-er* : **-é** *porté* ;
  – verbes en *-ir/-issant* : **-i** *fini* ;
  – autres verbes : **-i, -u, -s, -t** *fui*, *venu*, *pris*, *offert*.
- Les participes passés prennent la marque du **féminin** et celle du **pluriel**.

1 **Puisez dans la valise le participe passé qui convient à chaque verbe.**

flécher : ……………… partir : ……………… permettre : ………………
défier : ……………… défaire : ……………… dédier : ………………
fléchir : ……………… ravir : ……………… parvenir : ………………

2 **Rayez les formes verbales qui ne sont pas des participes passés.**

maudit • paru • gémit • certifié • blanchi • adorer • fais • allée • apprit • assuré

3 **Formez au masculin singulier les participes passés des verbes suivants.**

fleurir : ……………… • décompter : ……………… • accueillir : ……………… • publier : ……………… • démettre : ……………… • apprendre : ……………… • prédire : ……………… • accroître : ………………

4 **Complétez les groupes nominaux avec les participes formés dans l'exercice 3.**

une épaule ……………… • une vallée ……………… • des articles ……………… • une popularité ……………… • des minutes ……………… • des poèmes ……………… par cœur • des spectacles bien ……………… par le public • des problèmes ……………… par les spécialistes

Je récris et je rédige

Le participe passé sera écrit au masculin singulier.

5 **Récrivez ces phrases au passé composé.**

1. Il joue à merveille de la cithare. ………………
2. Ils discutent âprement. ………………
3. Elles apprennent leur rôle avec sérieux. ………………
4. Nous voulons partir. ………………
5. Vous tenez à venir. ………………
6. Elle détient les clés de la cave. ………………

6 **Racontez au passé composé une scène d'action de votre choix en employant au moins trois participes passés de l'exercice 1.**

25 Les temps composés de l'indicatif et leurs emplois

Je consolide mes apprentissages de cycle 3 — RÉVISER

Les temps composés de l'indicatif

- Les **4 temps composés de l'indicatif** sont le passé composé, le plus-que-parfait, le passé antérieur, le futur antérieur.
- Ils se forment avec un auxiliaire (*être* ou *avoir*) et le participe passé du verbe.
- Ils correspondent chacun à un temps simple, en fonction du temps de l'auxiliaire.
- Le **participe** passé indique l'**infinitif** du verbe.
  Il ***sera*** *parti.* verbe au futur antérieur ; parti → verbe *partir*

1 **a. Soulignez les auxiliaires et indiquez entre parenthèses l'infinitif du verbe.**

b. Entourez les verbes conjugués avec l'auxiliaire *être*.

tu eus patienté (..............................) • il a peint (..............................) • j'aurai atteint (..............................)

nous avons perdu (..............................) • elle est née (..............................) • ils seront partis (..............................)

2 **a. Rayez l'intrus :** marcher • progresser • partir • conduire • avancer • atteindre.

b. Pourquoi ce verbe est-il un intrus ? ....

....

3 **a. Soulignez les verbes conjugués à un temps composé et indiquez leur infinitif.**

Giuseppe avait parlé au duc. Ensuite il avait raconté à Cosimo que je l'avais trahi. Cosimo avait envoyé Piero chercher mon père, et quand j'étais rentré avec Donato il avait confié une course à mon maître pour se débarrasser de moi. Tout était clair.

D'après P. M. Llorente, *Le Petit Peintre de Florence*, © Le Livre de Poche Jeunesse, 2002.

....

b. Entourez le sujet avec lequel s'accorde le participe passé du verbe conjugué avec l'auxiliaire *être* : le récit est-il fait par un narrateur ? ☐ une narratrice ? ☐

Le passé composé

- Il se forme avec l'auxiliaire *avoir* ou *être* au présent et le participe passé : *j'ai dit, je suis venu(e).*
- Il exprime une action antérieure (qui se passe avant) à une autre action exprimée au présent : *Il sait que son ami l'****a trahi****.*
- Il remplace le passé simple dans un récit de niveau de langue courant (à l'oral, dans la presse) : *L'équipe de France* ***a gagné*** *tous ses derniers matchs.*

4 **Conjuguez au passé composé les verbes *entrer* et *saluer*.**

je .... entré(e) et j'.................. salué — nous .... et nous ....

tu .... et tu .... — vous .... et vous ....

elle .... et elle .... — elles .... et elles ....

5 **a. Transposez les verbes ci-dessous au passé composé.**

je mens → .... • tu approvisionnes → ....

nous marchandons → .... • vous entendez → ....

ils descendent → ....

b. Quel verbe peut être conjugué avec les deux auxiliaires ? ....

6 **a. Soulignez les verbes au passé composé.**

– Figure-toi que j'ai lancé un défi au duc du Maine.

– Mordieu ! Tu plaisantes ?

– Écoute la suite. Il y a quelques jours à Paris, j'ai croisé son chemin et j'ai passé la tête par la fenêtre de son carrosse. Il m'a sévèrement renvoyé à mes savates, et moi, d'une cinglante réplique, à ses dentelles.

– Non, tu rigoles ?

– Si. Je lui ai même affirmé que j'étais duc de la Savatière.

A. Ténor, *Jeux de surprises à la cour du Roi-Soleil*, © Éditions Gallimard Jeunesse, 2001.

b. Quel est l'emploi du passé composé dans ce texte ?

....

....

Le plus-que-parfait

- Il se forme avec l'**auxiliaire *être*** ou ***avoir*** à l'**imparfait** et le **participe passé**.
- Il exprime une **action antérieure** à une autre **action exprimée à l'imparfait** ou au **passé simple**.
  *Il savait (Il sut) que son ami **l'avait trahi**.*

7 **Conjuguez au plus-que-parfait les verbes *combattre* et *tomber*.**

j' .... combattu et j' .... tombé(e) nous .... et nous ....

tu .... et tu .... vous .... et vous ....

elle .... et elle .... elles .... et elles ....

8 **a. Conjuguez les verbes à l'imparfait, au passé simple ou au plus-que-parfait.**

b. Soulignez les verbes au plus-que-parfait.

Le duc du Maine (*être*) .... assis à la droite du roi. Le cœur de Jocelyn (*se mettre*) .... à battre plus vite lorsque leurs regards (*se croiser*) .... Il (*ne pas encore remarquer*) .... la présence de Mathilde qui (*recevoir*) .... la même convocation que lui.

A. Ténor, *Jeux de surprises à la cour du Roi-Soleil*, © Éditions Gallimard Jeunesse, 2001.

Le passé antérieur

- Il se forme avec l'**auxiliaire *être*** ou ***avoir*** au **passé simple** et le **participe passé**.
- Il exprime une **action antérieure** à une autre **action exprimée au passé simple**.
  *Il entra dès qu'on lui **eut donné** la permission de le faire.*

9 **Conjuguez au passé antérieur les verbes *voyager* et *revenir*.**

j' .... voyagé et je .... revenu(e) nous .... et nous ....

elle .... et elle .... elles .... et elles ....

10 **a. Conjuguez les verbes entre parenthèses au passé simple ou au passé antérieur.**
b. Soulignez les passés antérieurs.

1. Lorsque l'écuyer (*panser*) .... le cheval, il l'(*amener*) .... au chevalier.
2. Après que le jongleur (*jouer*) .... de la vielle, les seigneurs (*applaudir*) ....
3. Il (*sauter*) .... à terre dès qu'il (*apercevoir*) .... le monstre.

Le futur antérieur

- Il se forme avec l'**auxiliaire *être*** ou ***avoir*** au **futur simple** et le **participe passé**.
- Il situe une action dans l'**avenir** en la plaçant **avant une autre action exprimée au futur simple**.
*Il entrera dès qu'on lui **aura donné** la permission de le faire.*

11 **Conjuguez au futur antérieur les verbes *naître* et *grandir*.**

je .... né(e) et j' .... grandi — nous .... et nous ....

tu .... et tu .... — vous .... et vous ....

elle .... et elle .... — elles .... et elles ....

12 **a. Récrivez les phrases de l'exercice 10 en conjuguant les verbes entre parenthèses au futur simple ou au futur antérieur. b. Soulignez les futurs antérieurs.**

....

....

....

13 **Conjuguez chaque verbe aux quatre temps composés de l'indicatif à la personne indiquée.**

recevoir : tu ...., tu ...., tu ...., tu ....

devenir : elle ...., elle ...., elle ...., elle ....

être : nous ...., nous ...., nous ...., nous ....

14 **a. Complétez ces phrases avec les temps composés qui conviennent. b. Indiquez le temps employé.**

Quand les bateaux (*accoster*) ...., la nouvelle sauta d'un bord l'autre : « Le gouvernail ! [..........................]

– Il (*sortir*) .... de ses gonds. [..........................]

– Comment ça ? Un gouvernail si solide ! Ce Cristobal à qui on (*forcer*) .... la main pour cette opération n'avait-il pas intérêt à ce que le voyage s'arrêtât aux Canaries ? [..........................]

– Tu (*ne pas remarquer*) .... quelque chose ? » [..........................]

D'après J.-C. Noguès, *Le Voyage inspiré*, © Le Livre de Poche Jeunesse, 2002.

26 Le présent du subjonctif et ses emplois

Je comprends

1 **a. Rangez dans l'ordre des personnes ces formes verbales conjuguées au présent du subjonctif, dans l'armoire qui convient.**

(qu') ils fassent • (que) vous marchiez • (qu') il prenne • (que) je parle • (que) vous grandissiez • (que) nous rougissions • (que) tu manges • (que) tu frémisses • (que) je finisse • (qu') il verdisse • (que) je tienne • (que) tu coures • (qu') il nie • (que) nous menions • (que) nous tendions • (que) vous disiez • (qu') ils volent • (qu') ils frémissent

verbes en *-er*	verbes en *-ir/-issant*	autres verbes
....	....	....
....	....	....
....	....	....
....	....	....
....	....	....
....	....	....

b. Quel est le radical de « je finisse » ? .... **: quel temps de l'indicatif présente ce radical à toutes les personnes ?** ....

c. Recopiez les terminaisons des verbes en *-er* : ....

d. Comparez ces terminaisons à celles des autres verbes du tableau : les terminaisons varient-elles d'un groupe à l'autre ? OUI ☐ NON ☐

2 **Placez dans chaque bannière la lettre de la phrase qui lui correspond.**

A. Je doute que tu **dormes**. **B.** **Puisses**-tu avoir raison ! **C.** Qu'il **sorte** immédiatement ! **D.** Nous venons pour que tu **puisses** te reposer. **E.** J'aimerais que tu **puisses** te reposer.

- ◯ Expression d'un ordre
- ◯ Expression d'un souhait
- ◯ Emploi après un verbe de sentiment
- ◯ Emploi après un verbe de doute
- ◯ Emploi dans une proposition subordonnée circonstancielle

Je retiens, je m'entraîne et je progresse

On présente habituellement la conjugaison du subjonctif en faisant précéder le verbe de la conjonction « que ».

- Au **présent du subjonctif**, tous les verbes ont **les mêmes terminaisons** :
  -e, -es, -e, -ions, -iez, -ent : *(qu') il aime, (qu') il finisse, (qu') il coure, (qu') il puisse*
  Exceptions : *être : (que/qu')* ***je sois, tu sois, il soit, nous soyons, vous soyez, ils soient***
  avoir : (que/qu') ***j'aie, tu aies, il ait, nous ayons, vous ayez, ils aient***

3 **Complétez chaque radical avec la terminaison qui convient.**

(que) nous plant.................. • (que) vous agiss.................. • (que) tu demand..................
(qu') il convienn.................. • (qu') ils sach.................. • (qu') il vaill.................. • (qu') il plais..................
(que) tu cour .... • (que) nous ri.................. • (qu') il soi.................. • (que) tu ai..................

4 **Soulignez les verbes conjugués au présent du subjonctif et entourez la terminaison.**

Magellan souhaite que son discours convainque le roi Charles Ier et que son voyage puisse avoir lieu.

« Sire, dit-il, que Votre Majesté me permette d'exposer notre expédition. Puisse Dieu m'accorder sa grâce et je me conduirai toujours comme un chevalier des mers.

– Qu'entendez-vous par là ? demande le roi.

– J'aimerais que nos caravelles soient pleines d'épices à notre retour, mais je veux avant tout que notre voyage serve Dieu et son Église. »

D'après G. Soncarrieu, *Le Premier Tour du monde*, © Le Livre de Poche Jeunesse, 2003.

Les radicaux

- Pour les verbes en *-er*, le radical est identique au **radical de l'infinitif** : *marcher* → *que je marche*.
- Pour les verbes en *-ir/-issant*, le radical est identique à celui du **présent de l'indicatif à la 1re personne du pluriel** : *nous finissions* → *(que) je finisse*.
- Pour les **autres verbes**, le radical diffère souvent du radical de l'infinitif ; les **1re et 2e personnes du pluriel** peuvent avoir un **radical différent** de celui des autres personnes : *boire* → *(que) je boive, (que) nous buvions*.

Les verbes *appeler, jeter* et leurs composés, et les verbes en *-yer* font exception (voir p. 77) *appeler, que j'appelle / jeter, que je jette / envoyer, que j'envoie*

5 **a. Recopiez ces radicaux de présent du subjonctif à côté de l'infinitif qui leur correspond. Attention, plusieurs réponses sont parfois possibles.**

prenn- • peign- • pren- • pend-	ten- • tend- • tienn- • teign-	meuv- • meur- • mour- • mouv-
prendre :	pendre :	peindre : ....
peigner :	tenir :	tendre : ....
teindre :	mourir :	mouvoir : ....

b. Conjuguez les verbes au présent du subjonctif, à la personne demandée.

tenir : que je	tendre : qu'il	teindre : que nous ....
peindre : que vous	pendre : que tu	prendre : qu'ils ....

6 **Conjuguez les verbes entre parenthèses au présent du subjonctif.**

1. Il faut que tu (*faire*) .... attention à tes affaires. **2.** Je veux qu'il (*savoir*) .... sa leçon. **3.** Qu'il (*attendre*) .... dans la salle des gardes. **4.** (*Pouvoir*) ....-tu avoir raison ! **5.** Le professeur s'affaire pour que tous les élèves (*être*) .... en mesure de participer au projet. **6.** Avant qu'il ne (*courir*) .... le Marathon de Paris, il s'est entraîné des mois durant.

Les emplois du subjonctif

- Le subjonctif peut exprimer **l'ordre** (« *Qu'il sorte.* ») ou **le souhait** (*Puisses-tu venir !*).
- On le trouve après certaines conjonctions dans des **propositions subordonnées conjonctives compléments circonstanciels** de :
  – **but** : *pour que, afin que : Il crie pour qu'on l'**entende**.*
  – **temps** : *avant que, jusqu'à ce que… : Il chante jusqu'à ce qu'elle **s'endorme**.*
  – **conséquence** : *trop… pour que : Il est trop cher pour que je **puisse** l'acheter.*

- On l'emploie dans des **propositions subordonnées conjonctives compléments du verbe** après des verbes de :
  – volonté, souhait : *Je veux [que tu **dises** ton opinion].*
  – doute : *Je doute [que tu **saches** écouter les autres].*
  – sentiment : *J'aimerais [que tu **dises** ton opinion].*

7 **a. Soulignez les verbes conjugués au présent du subjonctif. b. Rayez les emplois erronés.**

1. Jusqu'à ce que le bateau parte, l'armateur s'affaire dans le port. (*subordonnée de but / de temps*) 2. Pour que les marchandises ne pourrissent pas, on les range dans un lieu sec. (*subordonnée de but / de conséquence*). 3. Le capitaine veut que les marins fassent toutes les vérifications nécessaires (*expression de l'ordre / emploi après un verbe de volonté*). 4. Chacun craint que la caravelle n'atteigne pas le Nouveau Monde. (*emploi après un verbe de volonté / de sentiment*)

8 **a. Soulignez les verbes conjugués au présent du subjonctif et séparez d'une barre oblique le radical de la terminaison. b. Indiquez de quel verbe et de quel emploi du subjonctif il s'agit.**

1. Pour qu'Iseut ne meure pas de faim, Tristan fabrique un arc. (................/..................................)
2. Tristan craint que le gibier ne suffise pas à leur nourriture. (............................/...)
3. Avant que le félon ne découvre les amants, le fidèle Governal l'a tué. (.................................../...)
4. Il veut que le forestier lui fasse un récit fidèle. (................/..................................)

9 **Complétez ces phrases avec des verbes conjugués au présent du subjonctif.**

1. Le voleur ruse pour qu'on ne .... pas ses méfaits. 2. Le président dit à l'assemblée : « Que chacun .... la parole ! » 3. Le professeur veut que nous .... des fabliaux. 4. Ma mère me surveille jusqu'à ce que je .... mon devoir. 5. Avec cette pluie, je doute que nous .... jouer au tennis.

Je rédige

10 **Complétez ces phrases en employant des verbes conjugués au présent du subjonctif, que vous soulignerez.**

1. Le match s'enlise jusqu'à ce que ....
2. L'entraîneur stimule les athlètes pour qu'..
3. Mes parents aimeraient que je ....
4. Le président de la compétition déclare : « Que ....

11 **Exprimez trois souhaits pour l'aménagement de votre quartier ou de votre village.**

Vos phrases commenceront par « *J'aimerais que..., Je voudrais que..., Je souhaiterais que...* ».

....
....
....

27 Le conditionnel et ses emplois

Je consolide mes apprentissages de cycle 3 RÉVISER

- Le **mode conditionnel** comporte **deux temps** : le **présent** et le **passé**.
- Le **présent du conditionnel** est formé du **radical** du futur simple et des **terminaisons** de l'imparfait : **-ais, -ais, -ait-, -ions, -iez, -aient**.
  *je parler**ais**, tu aur**ais**, il finir**ait**, nous dir**ions**, vous ser**iez**, ils parviendr**aient** :*
- Le **passé du conditionnel** **est un temps composé**, formé de l'auxiliaire *avoir* ou *être* conjugué au présent du conditionnel et du participe passé :
  j'aurais parlé, il aurait fini, nous aurions dit, ils seraient parvenus.

Pensez à accorder le participe passé avec le sujet, si le verbe est conjugué avec l'auxiliaire *être*.

1 **Rayez l'intrus dans chaque liste.**

1. je rirais • je croirais • je grandirais • je prendrai • je peindrais
2. il agirait • il mettrait • il poindrait • il frémirait • il prêtait • il joindrait
3. nous inventions • nous mènerions • nous ferions • nous saurions

2 **a. Indiquez entre parenthèses l'infinitif de chaque verbe conjugué au conditionnel.**
b. Récrivez le verbe à l'autre temps du conditionnel.

je lirais (..................) .... • je lierais (..................) ....
tu vaudrais (..................) .... • tu aurais vaincu (..................) ....
nous aurions agi (..................) .... • ils seraient morts (..................) ....
elle parviendrait (..................) .... • vous auriez tenu (..................) ....

3 **Transposez ces verbes en les conjuguant au conditionnel a. présent ; b. passé.**

j'aurai → a. .... b. ....
nous disions → a. .... b. ....
tu gémissais → a. .... b. ....
il criera → a. .... b. ....
vous buviez → a. .... b. ....
ils naîtront → a. .... b. ....

4 **Écrivez les verbes entre parenthèses au présent du conditionnel.**

Si c'était possible, j'(*aimer*) .... partir avec une bande d'amis. Je (*préparer*) .... un sac à dos, je (*choisir*) .... de bonnes chaussures de marche, j'(*acheter*) .... une carte et une boussole. Mes amis (*faire*) .... de même, et tous ensemble, nous (*partir*) .... sur les routes. Ne (*venir*) ....-vous pas avec nous ?

5 **Mettez les verbes entre parenthèses au passé du conditionnel.**

S'ils avaient vécu au XIXe siècle, ils (*vouloir*) .... être chercheurs d'or ; ils (*partir*) .... sur les pistes du Grand Nord, (*gravir*) .... des montagnes, (*affronter*) .... des températures effroyables. Ils (*dormir*) .... à la belle étoile.

Je comprends

6 **a. Entourez les numéros des phrases qui livrent des informations incertaines.**
b. Soulignez-en les verbes : à quel mode sont-ils conjugués ? ....

1. Ce train serait le plus rapide au monde. **2.** Une tempête menacera le pays. **3.** Un record de France a été battu. **4.** Un bateau serait à la dérive. **5.** Ce tour-opérateur ferait des promotions.

7 **a. Dans quelle phrase ci-dessous l'ordre est-il formulé de façon polie ?** ....
b. Quel est le mode du verbe de cette phrase ? ....

1. Passe-moi le pain. **2.** Pourrais-tu me passer le pain ?

8 **a. À quel mode le verbe *remporter* est-il conjugué dans la phrase 2 ?** ....
b. Dans quelle phrase l'obtention de la médaille est-elle soumise à une condition ? ....

1. Il remportera la médaille d'or. **2.** S'il s'entraînait davantage, il remporterait la médaille d'or.

Je retiens, je m'entraîne et je progresse

- Le conditionnel nuance un propos pour :
  – **livrer une information dont on n'est pas certain, exprimer un doute** ; cet emploi est fréquent dans la presse.
  *La tornade **aurait causé** d'importants dégâts.*
  – **exprimer poliment** une demande, un ordre, une défense, faire une suggestion.
  ***Feriez**-vous cela pour moi ? Vous **pourriez** procéder de la sorte.*
- Le conditionnel exprime un souhait, une hypothèse, une éventualité, un regret.
  *J'**aimerais** devenir astronaute. Je **pourrais** peut-être devenir astronaute.*
  L'action exprimée au conditionnel **peut être soumise à une condition** formulée :
  – à l'imparfait : *S'il cessait de pleuvoir, nous **pourrions** faire une promenade.*
  – au plus-que-parfait : *S'il avait fait beau, nous **aurions fait** une promenade.*

9 **Soulignez les verbes conjugués au conditionnel et rayez les réponses erronées.**

1. Selon certains, on verrait bientôt la fin du monde (*souhait / information incertaine*). **2.** Accepteriez-vous de m'accompagner ? (*demande polie / information incertaine.*) **3.** Peut-être, avec un peu de chance, serais-je le Christophe Colomb des temps modernes. (*regret / éventualité*) **4.** Si Marco Polo n'avait pas été emprisonné, il n'aurait peut-être jamais écrit *Le Livre des merveilles*. (*action soumise à une condition / regret*) **5.** Si les avions n'existaient pas, nous ne pourrions pas voyager aisément. (*action soumise à une condition / information incertaine*).

10 **Indiquez pour chaque phrase ce qu'exprime le conditionnel.**

1. Dîneriez-vous avec nous ? .... **2.** J'aurais voulu faire ce voyage. .... **3.** Si le temps le permettait, nous entreprendrions l'ascension de la montagne. .... **4.** Vous devriez voir cette pièce. .... **5.** L'avalanche aurait tué deux personnes. .... **6.** Pourriez-vous vous taire ? ....

11 **Complétez ces phrases en employant un verbe au conditionnel, au temps qui convient.**

1. Si j'étais toi, je .... ce pull plutôt que celui-là.
2. Si ses performances s'amélioraient, il .... envisager une médaille.
3. Si vous aviez regardé une carte, vous .... votre chemin.
4. Si Vendredi n'avait pas rencontré Robinson, il .... les coutumes européennes.
5. Si nous allions sur Mars, nous .... peut-être une forme de vie.

12 **Conjuguez chaque verbe à la personne indiquée, au conditionnel : a. présent ; b. passé.**

infliger : a. j' .... b. j' ....
gémir : a. tu .... b. tu ....
parvenir : a. elle .... b. elle ....
être : a. je .... b. j' ....
boire : a. je .... b. j' ....
falloir : a. il .... b. il ....

13 **a. Relevez les verbes au conditionnel et indiquez leur temps.**

Pathelin aimerait être riche. Pour cela, il lui faudrait travailler. Il préférerait tromper le drapier. Ce marchand perd la tête : aurait-il rêvé ? Pathelin ne serait-il jamais venu à son échoppe ? Ne lui aurait-il pas vendu de drap ?

....

....

b. Qu'expriment ces conditionnels ? ....

14 **Complétez ces phrases en employant un verbe conjugué au conditionnel.**

1. Si une tempête survenait, ...
2. Si le gamin n'était pas aussi gentil, ...
3. Si l'écuyer n'avait pas préparé l'armure, ...
4. Si je n'avais pas déménagé, ...

Je rédige

15 **Pour chaque dessin, imaginez une phrase qui comporte un verbe conjugué au conditionnel.**

....

....

28 L'impératif et ses emplois

Je consolide mes apprentissages de cycle 3 — RÉVISER

Les verbes en ***-er*** et ***offrir***, ***cueillir***, ***aller***, prennent un « s » à la **2e personne du singulier**, s'ils sont suivis de « en » ou de « y » : *Offres-en, vas-y* (Attention ! *va-t'en*).

- Le **mode impératif** se caractérise par **l'absence de sujet exprimé**.
  Il ne comporte que **3 personnes** et **2 temps** :
  – le **présent** dont les **formes** sont **semblables** à celles du **présent de l'indicatif** : *prends, prenons, prenez.* Attention ! Les **verbes** en ***-er*** **et les verbes** ***avoir, cueillir, offrir, savoir***, se terminent par **-e** à la **2e personne du singulier** : *chante, aie, cueille, sache ;*
  – le **passé**, formé de l'auxiliaire ***avoir*** ou ***être***, conjugué au **présent de l'impératif**, et du **participe passé du verbe** : *aie chanté, ayons chanté, ayez chanté ; sois venu(e), soyons venu(e)s, soyez venu(e)s.*
- L'**impératif** sert à exprimer un **ordre**, une **défense**, un **conseil** :
  Fais *ton travail. Ne* ***pars*** *pas.* ***Prends*** *plutôt ce gâteau.* ***Ayez fini*** *avant midi.*

1 **Complétez ces conjugaisons aux personnes manquantes.**

a. ……, agissons, …… • **b.** ……, ……, avalez • **c.** ……, partons, partez • **d.** bois, ……, buvez • **e.** ……, ……, criez • **f.** aie appris, ……, ayez appris • **g.** ……, soyons parti(e)s, ……

2 **a. Complétez ces formes verbales conjuguées au présent de l'impératif.**
b. Indiquez s'il s'agit d'un ordre, d'une défense ou d'un conseil.

1. Ne march…… pas sur la pelouse. (……) **2.** Prépar…… ton exposé. (……)
3. Fini…… tranquillement ton repas. (……) **4.** Pren…… soin de vous échauffer. (……)
5. Ne fais…… pas de propositions inutiles. (……) **6.** Rang…… vos livres ! (……)

Je récris et je rédige

3 **Récrivez les phrases 4 et 6 de l'exercice 2 en employant le passé de l'impératif.**

……

4 **Récrivez ces phrases en employant le présent de l'impératif.**

1. Tu poses ton blouson et tu ranges ton sac. ……
2. Tu observes les fleurs et tu en cueilles. ……
3. Nous avons de l'audace. ……
4. Vous faites attention. ……

5 **a. Récrivez ces phrases à l'impératif présent. b. Notez leur emploi :** ordre • défense • conseil.

1. Tu lances ce projet et tu y penses souvent. ……
2. Vous viendrez et vous prendrez la parole ! ……
3. Nous ne sommes pas timides. ……

6 **Votre meilleur(e) ami(e) prépare une fête. Donnez-lui des conseils d'organisation et de décoration.**

Employez des verbes à l'impératif, que vous soulignerez.

29 L'infinitif et ses emplois

Je comprends

1 **a. Qu'expriment les phrases suivantes ?** ....

Prendre un comprimé le soir, le dissoudre dans un grand verre d'eau. Faire des inhalations.

b. Soulignez les verbes : à quel mode sont-ils employés ? ....

2 **a. Quelle est la fonction du groupe nominal souligné en A ?** ....

b. Soulignez le mot qui remplace ce GN en B : indiquez sa classe grammaticale et sa fonction.

A. Une discussion peut être profitable. **B.** Discuter peut être profitable. ....

3 **Soulignez les infinitifs et indiquez leur fonction.**

1. Je veux expliquer ce que « boucaner » signifie. (.......... / ....)

2. Les Américains ne salent pas leurs viandes pour les garder ; leur moyen de les conserver est de les cuire. (.......... / .... / ....)

D'après J. de Léry, *Histoire d'un voyage fait en la terre de Brésil*, 1578.

Je retiens, je m'entraîne et je progresse

- L'**infinitif** est un **mode impersonnel** dont les terminaisons varient : *-er*, *-ir*, *-ir*, *-oir* ou *-re*.
- Employé **comme verbe**, il peut **exprimer un ordre** ou **une défense** (*Prendre du sirop. Ne pas fumer.*), **servir à poser une question** (*Que faire ?*).
- Employé **comme nom**, l'infinitif peut avoir **toutes les fonctions d'un nom**.
  Rêver *est agréable.* (sujet du verbe *être*)

4 **a. Remplacez chaque groupe nominal entre parenthèses par un de ces infinitifs :**

naviguer • partir • voler • réussir • skier • découvrir.

1. (*La navigation*) .... est sa passion. (..........) **2.** Il aime (*la découverte*) .... de nouveaux pays. (..........) **3.** Il rêve (*de ski*) .... (..........) **4.** Avant (*le départ*) ...., il se prépare. (..........) **5.** Son rêve est (*le vol*) .... en hélicoptère. (..........) **6.** L'envie de (*la réussite*) .... le motive. (..........)

b. Associez une de ces fonctions à chacun des infinitifs ainsi placés :

sujet • attribut du sujet • complément du verbe • complément de phrase • complément du nom.

Je rédige

5 **Rédigez une recette de cuisine de votre choix en employant des infinitifs.**

30 Le participe présent

Je comprends

1 **a. Soulignez le groupe nominal précisé par le participe présent en gras.**

Le roi, **accueillant** les invités, leur sourit.

b. Récrivez la phrase en remplaçant « Le roi » par « Les dames » : la forme en gras a-t-elle varié en genre et en nombre ? OUI ☐ NON ☐

……………………………………………………………………………………………………

2 **a. Soulignez la forme verbale en *-ant*, entourez le mot qui la précède.**

Le chevalier en combattant a perdu l'équilibre.

b. Récrivez la phrase en commençant par « les chevaliers » : la forme en *-ant* a-t-elle varié ? OUI ☐ NON ☐

……………………………………………………………………………………………………

Je retiens, je m'entraîne et je progresse

- Le participe présent est une forme verbale terminée par -ant : *parlant*.
- Il exprime une action qui **se passe en même temps que l'action principale** exprimée dans la phrase.
- Il s'emploie avec un nom ou un groupe nominal, dont il est généralement séparé par une virgule (il est mis en apposition). *Paul, **rêvant** d'aventure, part aux Indes.*
- Précédé de la préposition « en », il s'emploie comme complément de phrase exprimant **le temps, la cause** ou **la manière**. *Il parle **en dormant**.*
- Il peut avoir des compléments. *Paul, **parlant** anglais, n'a pas besoin d'interprète.*

3 **Corrigez ces phrases en rapprochant les participes présents et leurs compléments des groupes nominaux qu'ils caractérisent.**

1. Le chevalier désarçonne son adversaire, frappant avec force. ……………………………………… 2. La dame craint le chevalier félon, tremblant pour son ami. ……………………………………… 3. Le roi convoque ses barons, voulant assurer sa succession. ………………………………………

4 **a. Soulignez les participes présents et leurs compléments. b. Placez la lettre de chaque phrase dans le chaudron qui lui correspond.**

A. En allant au cinéma, j'ai rencontré Odile.
B. En procédant ainsi, il se fait beaucoup d'ennemis.
C. Il marche en utilisant une canne.

5 **Soulignez les participes présents et entourez le mot que chacun d'eux précise.**

1. Les Tartares vont vivre dans les montagnes, montant plus haut et faisant paître leurs bêtes. 2. Ces nomades vont où ils veulent, emmenant ce qu'il leur faut. 3. Les dames tartares, préparant le manger, sont soigneuses. 4. Pénétrant dans le lac, le fleuve coule vers l'océan.

D'après Marco Polo, *Le Livre des merveilles*, XIIIe s.

31 Verbes irréguliers fréquents en -er

Je comprends

1 **a. Prononcez les séries de mots suivants.**

1. capital • façade • compagnie • façon • ceci **2.** garage • orangeade • gorille • bourgeon • région

b. En vous appuyant sur l'exercice de prononciation précédent, complétez les conjugaisons suivantes par :

– ***c* ou *ç*** : je lan........e, tu lan........es, il lan........ait, nous lan........ons, vous lan........ iez, ils lan........aient

– ***g* ou *ge*** : je man......e, tu man......as, il man......ait, nous man......ions, vous man......erez, ils man......aient

Je retiens, je m'entraîne et je progresse

- Pour garder le son [s], les **verbes terminés par *-cer*** prennent une **cédille sous le *c*** lorsque la terminaison commence par un *a* ou un *o* :
  je lance, vous lanciez, tu lanças, nous lançons.

2 **En observant la voyelle de terminaison soulignée, complétez les formes verbales par *c* ou *ç*.**

tu exer........ais il dénon........era nous balan........ons vous avan........ez

je rin........ai elles influen........aient vous tra........iez nous ger........ions

3 **Conjuguez les verbes : a. au présent de l'indicatif ; b. à l'imparfait de l'indicatif.**

(*influencer*) elle **a.** .... **b.** ....
(*prononcer*) je **a.** .... **b.** ....
(*pincer*) nous **a.** .... **b.** ....
(*rincer*) ils **a.** .... **b.** ....
(*tracer*) tu **a.** .... **b.** ....
(*devancer*) vous **a.** .... **b.** ....
(*forcer*) tu **a.** .... **b.** ....
(*placer*) je **a.** .... **b.** ....

- Pour garder le son [ʒ], les **verbes terminés par *-ger*** prennent un ***e* après le *g*** lorsque la terminaison commence par un *a* ou un *o* :
  je mange, vous mangiez, tu mangeas, nous mangeons.

4 **En observant la voyelle de terminaison soulignée, complétez les formes verbales par *g* ou *ge*.**

tu chan........as il avanta........e nous allé........ons vous son........erez

elles volti........aient je proté........ais vous interro........iez nous encoura........ons

5 **Conjuguez les verbes à l'indicatif : a. au passé simple ; b. au futur.**

(*mélanger*) tu **a.** .... **b.** ....
(*déranger*) je **a.** .... **b.** ....
(*exiger*) il **a.** .... **b.** ....
(*arranger*) ils **a.** .... **b.** ....
(*soulager*) nous **a.** .... **b.** ....
(*longer*) vous **a.** .... **b.** ....
(*songer*) je **a.** .... **b.** ....
(*plonger*) tu **a.** .... **b.** ....

- Les **verbes** « appeler », « jeter » et leurs composés **doublent** le *l* et le *t* du radical devant un *e* muet : *j'appelle, j'appellerai, nous appelons, vous appelez ; je jette, je jetterai, nous jetons, vous jetez.*
- Les autres **verbes** en ***-eler*** et ***-eter*** s'écrivent **è + un seul *l* ou *t*** devant un *e* muet : *Il gèle, tu achètes.*

6 **Complétez les formes verbales par un ou deux l ou par un ou deux t.**

1. Le fermier appe....e son chien. **2** Tu reje....es la violence. **3.** Nous vous rappe....ons votre rendez-vous. **4.** Ils proje....aient d'aller en Islande. **5.** Vous je....erez les papiers dans la corbeille. **6.** Comment s'appe....ent-elles ?

7 **Conjuguez les verbes suivants au temps de l'indicatif et à la personne demandés.**

amonceler (*présent*) : tu ....

dégeler (*présent*) : il ....

haleter (*futur*) : ils ....

ruisseler (*futur*) : il ....

peler (*présent*) : elles ....

modeler (*futur*) : il ....

- Les **verbes terminés par *-oyer*** et **par *-uyer* changent le *y* en *i* devant un *e* muet** : *je nettoie, nous nettoyons ; j'essuie, nous essuyons.*
- Les **verbes terminés par *-ayer*** peuvent **conserver le *y* ou le changer en *i* devant un *e* muet** : *je paye ou je paie.*

8 **En observant la voyelle de terminaison soulignée, complétez les formes verbales par *y* ou *i*.**

tu ennu.....ais elle tuto.....e nous essa.....ions ils bro.....ent

elle éga.....ait vous plo.....ez j'appu.....e il bro.....a

9 **Conjuguez les verbes suivants au temps et à la personne demandés.**

relayer (*présent*) : tu .... / ....

ployer (*futur*) : il ....

ennuyer (*présent*) : il ....

embrayer (*passé simple*) : ils ....

balayer (*futur*) : je .... / ....

soudoyer (*imparfait*) : tu ....

Je récris

10 **Récrivez le texte en conjuguant les verbes au temps de l'indicatif demandé.**

1. Léo (s'apitoyer, *présent*) sur son sort et ses amis lui (renouveler, *présent*) leur soutien. **2.** Le maître (froncer, *imparfait*) les sourcils lorsqu'Axel (lancer, *imparfait*) la balle et (déranger, *imparfait*) les cours. **3.** Le cordonnier (rappeler, *présent*) le prix et ses clients le (payer, *présent*).

....

....

....

32 Autres verbes irréguliers fréquents

Je comprends

1 **a. Entourez les terminaisons de ces verbes conjugués au présent de l'indicatif.**

savoir : je sais, tu sais, il sait, nous savons, vous savez, ils savent

couvrir : je couvre, tu couvres, il couvre, nous couvrons, vous couvrez, ils couvrent

prendre : je prends, tu prends, il prend, nous prenons, vous prenez, ils prennent

pouvoir : je peux, tu peux, il peut, nous pouvons, vous pouvez, ils peuvent

b. Quelles sont les terminaisons communes à ces quatre verbes ? ……………………

c. Quelles personnes ont des terminaisons différentes selon les verbes ? ……………………

d. Lequel de ces verbes comporte 1 radical ? …………………… **2 radicaux ?** ……………………

e. Lesquels de ces verbes comportent 3 radicaux ? ……………………

Je retiens, je m'entraîne et je progresse

- **Au présent de l'indicatif** :
  – les **verbes** autres que ceux en *-er* et en *-ir/-issant* ont des terminaisons différentes aux **trois personnes du singulier**, selon quatre types de verbes :
  offrir *: j'offre, tu offres, il offre (***-e***, ***-es***, ***-e***)*
  dire *: je dis, tu dis, il dit (***-s***, ***-s***, ***-t***)*
  rendre *: je rends, tu rends, il rend (***-s***, ***-s***, ***-Ø***)*
  pouvoir *: je peux, tu peux, il peut (***-x***, ***-x***, ***-t***)*
  – de nombreux **verbes** ont plusieurs radicaux différents :
  *prendre : je **prend**s, tu **prend**s, il **prend**, nous <u>pren</u>ons, vous <u>pren</u>ez, ils **prenn**ent*

2 **En puisant les formes verbales dans le sac, retrouvez et complétez la conjugaison de deux verbes très irréguliers au présent de l'indicatif.**

1. aller : je ……………, tu ……………, il ……………, nous ……………, vous ……………, ils ……………
2. faire : je ……………, tu ……………, il ……………, nous ……………, vous ……………, ils ……………

3 **Complétez ce podium des verbes irréguliers aux trois personnes du pluriel.**

• **avoir**			ils ……………
• **aller**			ils ……………
• **faire**		vous ……………	ils ……………
• **être**	nous ……………	vous ……………	ils ……………

4 **Conjuguez ces verbes au présent de l'indicatif.**

(*vouloir*) je …………… (*venir*) je …………… (*cueillir*) tu ……………

(*défendre*) il …………… (*prédire*) je …………… (*souffrir*) je ……………

5 **Recopiez les radicaux des verbes *venir* et *mettre* au présent de l'indicatif.**

1. je viens, tu viens, il vient, nous venons, vous venez, ils viennent : .... / .... / ....

2. je mets, tu mets, il met, nous mettons, vous mettez, ils mettent : .... / ....

- De très nombreux verbes ont des radicaux différents **selon** les **temps** et les **modes** : *je **vien**s, je **ven**ais, je **v**ins, je **viendr**ai, (que) je **vienn**e.*

6 **En vous aidant de tableaux de conjugaison, complétez le tableau suivant en inscrivant les radicaux.**

Verbes	Imparfait de l'indicatif	Passé simple de l'indicatif	Futur de l'indicatif et présent du conditionnel	Présent du subjonctif
aller	....	....	....	....
dire	....	....	....	....
faire	....	....	....	....
savoir	....	....	....	....

7 **Soulignez les radicaux et précisez le temps et le mode des verbes en gras.**

1. **Sauriez** (..................)-vous raconter les aventures de Tristan ? 2. Le fait que cette légende **soit** (..................) celtique et qu'elle **ait** (..................) pour cadre la Cornouaille la **rend** (..................) attractive. 3. Tristan et le Morholt **vinrent** (..................) sur une île et **combattirent** (..................) longuement.

8 **Conjuguez au temps, au mode et à la personne demandés les verbes suivants.**

venir (*futur de l'indicatif*) : tu ....

dire (*passé simple de l'indicatif*) : ils ....

faire (*présent du conditionnel*) : je ....

partir (*présent du subjonctif*) : (qu') il ....

mettre (*imparfait de l'indicatif*) : je ....

aller (*passé simple de l'indicatif*) : j'..................

Je récris

9 **Récrivez le texte en conjuguant les verbes au temps et au mode demandé.**

1. Merlin ne (vouloir, *présent de l'indicatif*) pas que Viviane (savoir, *présent du subjonctif*) toutes ses formules magiques. 2. Le roi Arthur (dire, *imparfait de l'indicatif*) que les chevaliers (aller, *présent du conditionnel*) tournoyer et qu'ils (faire, *présent du conditionnel*) honneur à sa cour. 3. « Je (pouvoir, *présent de l'indicatif*) vous aider », (dire, *présent de l'indicatif*) le chevalier à une vieille femme. « Vous (être, *présent de l'indicatif*) bon, que Dieu (prendre, *présent du subjonctif*) soin de vous », (répondre, *passé simple de l'indicatif*) la vieille.

....

....

....

....

Méthode 4

Raconter au passé

Observez le dessin et lisez le texte pour répondre aux questions.

Le château majestueux se découpait sur le ciel.
Le chevalier leva son épée et franchit le pont-levis.
Son chien le suivait à distance.

1. a. **Quelle phrase correspond à l'arrière-plan du dessin ?** ....

   b. **Que décrit-elle ?** ....

   c. **À quel temps de l'indicatif le verbe est-il conjugué ?** ....

2. a. **Quelle phrase correspond au premier plan du dessin?** ....

   b. **À quel temps de l'indicatif les verbes de cette phrase sont-ils conjugués ?** ....

   ....

3. **Lisez la dernière phrase : a. par rapport à la phrase qui la précède, exprime-t-elle une action importante ou secondaire ?** ....

   b. **À quel temps de l'indicatif le verbe est-il conjugué ?** ....

Méthode

Dans un récit au passé, on emploie :
– **le passé simple** pour raconter des **actions importantes** au **premier plan**, des **actions ponctuelles, inhabituelles** ;
– l'**imparfait** pour exprimer des **actions de second plan**, des **descriptions**, des **actions habituelles ou répétées.**
*Ce matin-là, il **poussa** une porte qui **grinçait** comme toujours et qui **était** lourde.*

J'applique la méthode

En observant les deux couleurs, complétez le texte en conjuguant les verbes à l'imparfait ou au passé simple de l'indicatif.

Messire Gauvain (*chevaucher*) .... bien en avant de la troupe : il ne (*tarder*) .... guère à voir venir un chevalier qui (*avancer*) .... au pas sur un cheval épuisé, couvert d'écume et tout en sueur. Le chevalier (*saluer*) .... messire Gauvain le premier et celui-ci lui (*rendre*) .... son salut. Alors qu'on en (*être*) .... encore au premier plat, (*survenir*) .... un événement inattendu.

Évaluation 4

La fontaine magique

À la cour du roi Arthur, le chevalier Calogrenant raconte une de ses aventures : il est arrivé près de la fontaine magique qui déclenche une tempête quand on y verse de l'eau.

Je fus curieux de voir le prodige[1] de la tempête et de l'orage et mal m'en prit : j'y aurais renoncé aussitôt, si j'avais pu dès que j'eus arrosé le perron de l'eau du bassin. J'en versai trop, je le crains : aussitôt, je vis le ciel si troublé que plus de quatorze éclairs à la fois frappaient mes yeux ; les nuages se mirent à déverser pêle-mêle pluie, neige et grêle. Le temps était si gros et si affreux que je pensai cent fois être tué par les coups de foudre qui tombaient autour de moi et par les arbres fracassés. Sachez que je restai dans l'angoisse jusqu'au retour du beau temps. Mais Dieu me rassura bien vite, car la tempête ne dura guère, et les vents s'apaisèrent bientôt : dès qu'il plut à Dieu de les calmer, ils n'osèrent souffler. Et quand je vis le ciel clair et pur, je fus transporté de bonheur : la joie fait oublier le tourment. Lorsque l'orage fut passé, je vis sur le pin des oiseaux attroupés en si grand nombre, si vous voulez m'en croire, qu'on ne voyait branche ni feuille qui n'en fût toute couverte ; et l'arbre en était plus beau. Tous les oiseaux chantaient en un chœur harmonieux ; chacun chantait un air différent, car je n'entendis jamais deux fois la même mélodie.

Yvain ou le Chevalier au Lion, traduction de Daphné Deron d'après celle d'André Eskénazi, © Classiques Larousse 1999.

1. événement surnaturel et surprenant.

Lire

1. a. Dans les lignes 4 à 12 jusqu'à « fracassés », soulignez de deux couleurs différentes les verbes conjugués au passé simple et à l'imparfait. b. Précisez l'emploi de chacun de ces temps dans ce passage.

2. a. Relevez dans le texte tous les verbes conjugués au présent de l'indicatif.

b. Précisez l'emploi de ce temps dans le texte.

c. « Sachez » (l. 12) : à quel mode ce verbe est-il conjugué ?

d. À quoi servent les temps et modes des verbes que vous avez relevés et étudiés en a, b, c ?

3. Quels sentiments successifs Calogrenant éprouve-t-il devant la fontaine ?

Écrire

Poursuivez le texte de la page 80 en imaginant l'événement inattendu qui se produit durant le banquet auquel assiste Gauvain.

Je prépare la dictée 1

1 **Complétez les GN en utilisant les adjectifs entre parenthèses et en faisant les accords qui conviennent.**

(*piteux*) en .... état
(*profond*) de .... entailles
(*dur*) les parties ....
(*amer*) sa pitance ....
(*génial*) une idée ....

2 **Complétez les phrases avec l'homophone qui convient :** la • l'a • là.

1. Il rongeait sa pitance en essayant de .... faire durer.
2. Sa pitance, il .... mangée.
3. Il a placé sa pitance .... où il pouvait.

3 **Recopiez les mots suivants.**

un épouvantail : ....
une entaille : ....
un navet : ....
hérisser : ....
la pitance : ....
la grotte : ....
un éclat : ....

Dictée 1

Titre : ....

....

....

....

....

....

....

....

Je corrige mes erreurs Après correction en classe, rectifiez :

– les erreurs de conjugaison : ....

....

– les erreurs d'accord : ....

....

– les erreurs d'orthographe : ....

....

Je prépare la dictée 2

1 **Conjuguez les verbes à l'imparfait de l'indicatif aux 3es personnes du singulier et du pluriel.**

(*connaître*) il .... – ils .... (*assourdir*) il .... – ils ....

(*prendre*) il .... – ils .... (*traverser*) il .... – ils ....

2 **Conjuguez les verbes au passé simple de l'indicatif aux 3es personnes du singulier et du pluriel.**

(*sembler*) il .... – ils .... (*pâlir*) il .... – ils ....

(*sentir*) il .... – ils .... (*frissonner*) il .... – ils ....

(*s'épouvanter*) il .... – ils ....

3 **a. Soulignez les sujets (noms noyaux ou pronoms) des verbes entre parenthèses.**
b. Entourez les noms ou pronoms repris par des pronoms relatifs.
c. Accordez les verbes en conjuguant au temps de l'indicatif demandé.

On (entendre, *passé simple*) .... le pas de nombreuses troupes de cavalerie qui (traverser, *imparfait*) .... la forêt. Le son des instruments guerriers (assourdir, *imparfait*) .... les assistants. Ceux qui (connaître, *imparfait*) .... la vérité s'épouvantèrent.

4 **Recopiez et retenez ces mots et groupes de mots.**

de tous côtés : .... en tous sens : .... frissonner : ....

Dictée 2

Titre : ....

....

....

....

....

....

....

Je corrige mes erreurs **Après correction en classe, rectifiez :**

– les erreurs de conjugaison : ....

....

– les erreurs d'accord : ....

....

– les erreurs d'orthographe : ....

....

33 Le féminin des noms et des adjectifs

Je consolide mes apprentissages de cycle 3 — RÉVISER

- Le **féminin** des **noms** et des **adjectifs** se forme généralement en ajoutant un **-e** au nom ou à l'adjectif au masculin : *un client prudent / une cliente prudente*.
- Très souvent, le passage au **féminin** entraîne :
  – un **doublement de la consonne** : *un bon musicien / une bonne musicienne* ;
  – une **modification du suffixe** : *un nouveau banquier / une nouvelle banquière, naïf / naïve* ;
  – l'**ajout d'un suffixe** : *comte / comtesse*.

1 **Mettez ces adjectifs au féminin.**

final : .... principal : .... fin : ....

poli : .... gris : .... majeur : ....

2 **Donnez le féminin de ces noms.**

inspecteur : .... chirurgien : .... plongeur : ....

boulanger : .... duc : .... député : ....

facteur : .... comédien : .... éditeur : ....

3 **Mettez ces groupes nominaux au féminin.**

un vieux baron : ....

un empereur songeur : ....

un loup blanc : ....

un renard malin : ....

un spectateur grec : .... un faux jumeau : ....

un acteur favori : .... un concurrent franc : ....

Quelques féminins à retenir : faux, fausse ; favori, favorite ; frais, fraîche ; franc, franche ; grec, grecque ; malin, maligne ; mou, molle ; vieux, vieille.

4 **Recopiez la phrase en écrivant les adjectifs au féminin.**

La chèvre (*fou*) mange de l'herbe (*frais*) et déguste sa plante (*favori*) près de la renarde (*roux*).

....

5 **En vous aidant d'un dictionnaire, écrivez le féminin des adjectifs suivants en *-ette* ou en *-ète* dans le sac qui convient.**

complet • coquet • concret • inquiet • muet • replet • secret • discret • rondelet • net

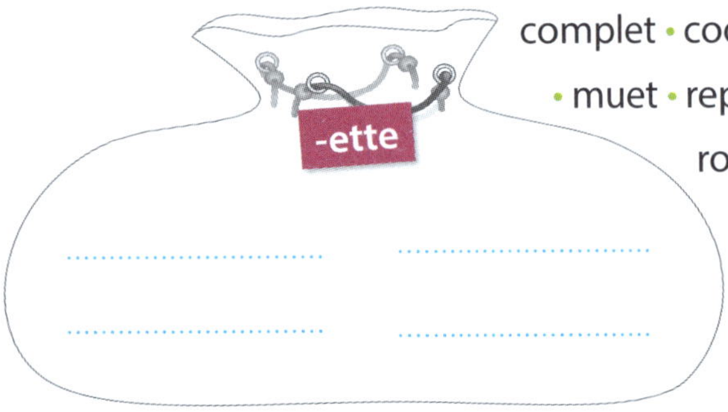

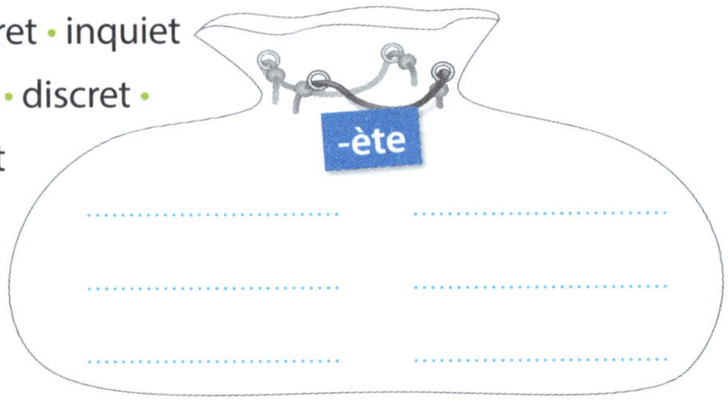

- Certains noms masculins ont un **nom différent pour le féminin** : *un roi / une reine.*
- Certains noms masculins s'écrivent avec un « e » : *un lycée.*
- Certains noms féminins ne prennent pas de « e » final : *une fourmi.*

6 **En vous aidant d'un dictionnaire, glissez ces noms dans l'enveloppe qui convient.**

intervalle • artère • impasse • appendice • incendie • odyssée • orbite • tentacule

Noms masculins	Noms féminins
....	....
....	....

7 **Écrivez le féminin de ces noms.**

un héros : .... un canard : .... un parrain : ....

un bouc : .... un oncle : .... un neveu : ....

un lion : .... un fugitif : .... un mouton : ....

8 **Mettez ces groupes nominaux au féminin.**

1. un vieux comte jaloux : .... **2.** un lion cruel et ambitieux : .... **3.** un prince turc inquiet : ....

9 **Complétez les phrases en écrivant au féminin les noms et adjectifs soulignés.**

1. Un chat discret et peureux (Une ....) se cache sous la table. **2.** Je connais un romancier étranger original (une ....). **3.** Un lycéen parisien (Une ....) appelle son cousin moniteur (sa ....) de ski.

10 **Donnez le féminin des groupes nominaux soulignés.**

Le vieil homme rentra dans la maison et laissa le comte anxieux et craintif. Celui-ci se précipita à l'intérieur pour saisir l'étrange magicien fou et il fouilla partout, sous la table basse, derrière les grands coffres lourds et cloutés et sous un épais drap blanc.

D'après A. Surget, *Le Renard de Morlange*, © Nathan, 1995.

....

Je récris

11 **Récrivez le texte de l'exercice 10 en remplaçant *table* par *fauteuil*, *coffres* par *armoires* et *drap* par *tenture*.**

....

....

....

34 Le pluriel des noms et des adjectifs

Je consolide mes apprentissages de cycle 3 — RÉVISER

- Le **pluriel des noms** et **des adjectifs** se forme généralement en ajoutant un *-s* au nom ou à l'adjectif au singulier : *un ami sûr* → *des amis sûr****s*** ; *une histoire vraie* → *des histoire****s*** *vraie****s***.
- Les **noms** et les **adjectifs terminés par *-s*, *-x*, *-z*** au **singulier** restent **inchangés** au **pluriel** :
un temps frais → *des temps frais* ; *un choix généreux* → *des choix généreux* ; *un nez* → *des nez*.

1 **Mettez au pluriel ces groupes nominaux.**

1. le bon résultat : ....
2. un ouvrier habile : ....
3. l'épaisse et douce fourrure : ....

2 **En vous aidant d'un dictionnaire, écrivez dans la boîte les noms et adjectifs qui ont la même orthographe au singulier et au pluriel.**

recours | malicieux | ennuis | talus | prix
concis | détours | jaloux | remous | hardis
ajouts | faux | travaux | champs | dieux

3 **Mettez ces groupes nominaux au pluriel.**

un choix judicieux : ....

la voix et l'intonation : ....

le dernier recours : ....

un nez pointu : ....

- **Sept noms** en *-ou* font leur **pluriel** en *-oux* :
*des bijou****x****, des caillou****x****, des chou****x****, des genou****x****, des hibou****x****, des joujou****x****, des pou****x***.
- Les **noms** en *-au*, *-eau*, *-eu* font leur **pluriel** en *-x* : *des tuyau****x*** ; *des eau****x*** ; *des feu****x***.
Sauf : *des landaus, des bleus, des pneus.*
- Les **adjectifs** en *-eau* font leur **pluriel** en *-x* : *beau* → *beau****x***.

4 **Écrivez en couleur la lettre finale de ces noms au pluriel : s ou x.**

des genou.....	des gâteau.....	des bijou.....	des pieu.....
des vaisseau.....	des dieu.....	des feu.....	des trou.....
des manteau.....	des fou.....	des joyau.....	des pneu.....

5 **Mettez ces groupes nominaux au pluriel.**

un nouveau bijou : ....

un souriceau et un pou : ....

un tuyau et un escabeau : ....

un beau landau : ....

un cerceau : ....

un verrou : ....

6 **Barrez l'intrus dans chaque série de noms. Justifiez oralement vos choix.**

1. milieux • prix • neveux • chameaux • vœux
2. clous • poux • verrous • sous • écrous
3. cadeau • vaisseau • landau • joyau • morceau
4. enjeux • lieux • pneus • essieux • moyeux

- Les **noms** en *-al* font leur pluriel en *-aux* : *un cheval* → *des chev**aux**.*
  Sauf : *des bals, des carnavals, des chacals, des étals, des festivals, des récitals, des régals.*
- Les **adjectifs** en *-al* font leur **pluriel** en *-aux* : *amical* → *amic**aux**.*
  Sauf : *banals, bancals, fatals, finals, glacials, natals, navals.*
- **Certains noms** en *-ail* font leur **pluriel** en *-aux* : *un bail* → *des b**aux** ; un corail* → *des cor**aux** ; un émail* → *des ém**aux** ; un soupirail* → *des soupir**aux** ; un travail* → *des trav**aux** ; un vitrail* → *des vitr**aux**.*

7 **Mettez ces noms au pluriel en employant *-ails* ou *-aux*.**

un attirail : .... un vitrail : .... un cardinal : ....

un travail : .... un canal : .... un éventail : ....

8 **Mettez ces adjectifs au pluriel en employant *-aux* ou *-als*.**

égal : .... fatal : .... national : .... spatial : ....

vertical : .... glacial : .... natal : .... central : ....

9 **Complétez les terminaisons de ces noms et adjectifs pluriels en choisissant dans la trousse la terminaison qui convient.**

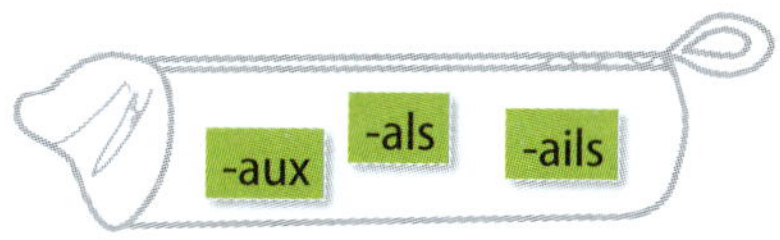

un canal glacial : des can........ glaci........ un carnaval féodal : des carnav........ féod........

un éventail provençal : des évent........ provenç........ un détail banal : des dét........ ban........

10 **Complétez les phrases avec ces groupes nominaux écrits au pluriel :** bal seigneurial • portail spécial • cheval gracieux • journal régional • récital sentimental.

1. Dans des articles de certains ...., on parle de pêche. **2.** Les jeunes chevaliers rencontraient les dames lors de .... **3.** Ce chanteur a donné de nombreux .... **4.** Il faut actionner des .... pour entrer dans l'usine. **5.** Les cavalières montent des ....

Je récris

11 **Recopiez le texte en mettant au pluriel les noms et adjectifs entre parenthèses.**

En guise de (*cadeau*), les (*nouveau villageois*) ont reçu des (*attirail spécial*) pour les (*matin glacial*). Sur leurs (*étal*), les marchands présentent leurs (*beau travail*), des (*émail artisanal*), des (*verrou*) en fer.

....

....

....

35 Des homophones fréquents

Je consolide mes apprentissages de cycle 3 RÉVISER

- Les **homophones** sont des mots qui **se prononcent de la même façon** mais **s'écrivent différemment**. Ils appartiennent généralement à des **classes de mots différentes**.
- Certains homophones se distinguent par la présence ou non d'un **accent**.

	Classe de mots	Exemples	On peut remplacer
a à	verbe ou auxiliaire *avoir* préposition	*Il **a** soif.* *Il pense **à** son amie.*	*a* par *avait (Il avait soif.)*
la là	article ou pronom personnel adverbe de lieu	***La** beauté **la** fait rêver.* *Il habite **là**.*	*la* par *le (Le parfum le fait rêver.)* *là* par *ici (Il habite ici.)*
ou où	conjonction de coordination adverbe ou pronom indiquant le lieu	*Elle lit **ou** elle rêve.* ***Où** vit-elle ?* *Voici la maison **où** elle vit.*	*ou* par *ou bien (Elle lit ou bien elle rêve.)*
ça çà	abréviation familière de *cela* particule indiquant le lieu	*« Je n'aime pas ça. »* *Il marche **çà** et **là**.*	*ça* par *cela (« Je n'aime pas cela. »)*

1 **Soulignez l'homophone qui convient.**

1. Dans le champ *ou / où* tournoient les chevaliers arrive une dame qui *a / à* une cour de demoiselles placées *ça / çà* et *la / là* autour d'elle. **2.** Les chevaliers vont *a / à* la cour d'Arthur et *la / là* ils racontent leurs exploits. **3.** La reine Guenièvre *a / à* organisé une fête *ou / où* des jongleurs ont donné un spectacle.

2 **Complétez les phrases avec l'homophone de la leçon qui convient.**

Le fermier arriva dans ...... prairie ...... un renard et un chat se battaient furieusement. Des touffes de poils traînaient ...... et ......, ... l'endroit ...... se déroulait ...... bataille. Le fermier se demandait si le chat noir ...... le renard roux allait l'emporter. Chacun ...... vaillamment combattu et, ... l'issue du combat, les deux animaux moururent.

- Certains homophones se distinguent par la présence ou non d'une **apostrophe**.

	Classe de mots	Exemples	On peut remplacer
dans d'en	préposition préposition *de* + pronom *en* ; expressions : *d'en bas, d'en face…*	*Il monte **dans** le train.* *Il rêve **d'en** prendre.*	*dans* par *à l'intérieur de* *(Il monte à l'intérieur du train.)*
sans s'en	préposition pronom *se* suivi du pronom *en*	*Il est **sans** voix.* *Il **s'en** soucie.*	*s'en* par *se* + verbe *(Il se soucie (de cela).)*

3 **Soulignez l'homophone qui convient.**

1. Le promeneur voit un gros champignon et rêve *dans / d'en* faire son dîner ; il l'emporte *dans / d'en* son sac afin *dans / d'en* faire profiter sa famille. **2.** Il *sans / s'en* va de chez lui *sans / s'en* que son père *sans / s'en* aperçoive. **3.** *Sans / S'en* perdre de temps, Paul passe *dans / d'en* la forêt.

	Classe de mots	Exemples	On peut remplacer
ni n'y	conjonction (négation) négation *ne* suivie de *y*	***Ni*** *eau* ***ni*** *nourriture sur l'île :* ***n'y*** *pense pas et* ***n'y*** *va pas !*	*n'y* par *ne… à cela* ou *ne… là* *(Ne pense pas à cela et ne va pas là.)*
si s'y -ci	conjonction ou adverbe pronom *se* suivi de *y* adverbe de lieu	***Si*** *tu pars, il sera* ***si*** *triste !* *Il* ***s'y*** *rend.* *ce mois-****ci****, celui-****ci***	 *s'y* par *m'y (Je m'y rends.)* *-ci* par *-là (ce mois-là)*

4 **Soulignez l'homophone qui convient.**

1. Les pirates *ni / n'y* voient rien : ils ne distinguent *ni / n'y* la côte *ni / n'y* les rochers. 2. *Ni / n'y* les avertissements *ni / n'y* les dangers ne les ont arrêtés : rien *ni / n'y* a fait. 3. Êtes-vous spécialiste des trésors ? Non, je *ni / n'y* connais rien. 4. Il ne dit mot *ni / n'y* ne sourit.

5 **Complétez les phrases avec l'homophone qui convient : *si*, *s'y*, *-ci*.**

1. Ces temps-........, même .... le froid persiste, nous sortirons. 2. .... la piscine est ouverte, les élèves .... rendront. 3. .... ces voitures-........ n'étaient pas .... chères, ils les achèteraient. 4. Ce sentier est dangereux : personne ne .... risque.

- Il ne faut pas confondre certains **homophones grammaticaux très fréquents**.

	Classe de mots	Exemples	On peut remplacer
est et	verbe *être* à la 3e personne du singulier conjonction de coordination	*Il* ***est*** *précis.* *Il a un frère* ***et*** *une sœur.*	*est* par *était (Il était précis.)*
son sont	déterminant possessif verbe *être* à la 3e personne du pluriel	*Tu suis* ***son*** *exemple.* *Ils* ***sont*** *habiles.*	*son* par *mon (Tu suis mon exemple.)* *sont* par *étaient (Ils étaient habiles.)*

6 **a. Complétez le texte avec le verbe *être* conjugué à l'imparfait de l'indicatif.**

Marco Polo .... un voyageur et il .... curieux. Il .... très intelligent et le grand Khan .... son ami. Ce dernier ....l'empereur de Chine et cette contrée ....immense.

b. Récrivez le texte au présent de l'indicatif et soulignez les homophones.

....

....

7 **Écrivez entre parenthèses *étaient* lorsque c'est possible, puis soulignez la forme correcte pour chaque homophone.**

1. Il a observé de *son / sont* (..............) poste des perdrix qui *son / sont* (.....................) ses oiseaux favoris. 2. À *son / sont* (..............) arrivée, il a vu des lapins qui *son / sont* (.....................) occupés à goûter des trèfles devant *son / sont* (..............) campement. 3. Ils *son / sont* (.....................) adorables ; mais à *son / sont* (..............) approche, ils s'enfuient : ils *son / sont* (.....................) si craintifs !

	Classe de mots	Exemples	On peut remplacer
on	pronom	***On*** *a perdu.*	*on* par *nous* *(Nous avons perdu.)*
ont	verbe *avoir* à la 3e personne du pluriel	*Ils* ***ont*** *gagné.*	*ont* par *avaient* *(Ils avaient gagné.)*
peu	adverbe	*Elle mange* ***peu****.*	
peux peut	verbe *pouvoir*, 1re, 2e et 3e personnes	*Tu* ***peux*** *venir.* *Il* ***peut*** *venir.*	*peux*, *peut* par *pouvais*, *pouvait* *(Tu pouvais venir.)*

Ne pas confondre « on » employé dans une phrase affirmative et « *on n'* » employé dans une phrase négative : *On a raison. On n'a pas tort.*

8 **Complétez par l'homophone qui convient : *on*, *ont*, *on n'*.**

1. Les études …… transformé cette personne : …… avait jamais vu de tels progrès. **2.** Cet enfant, …… l'encourage, …… le récompense volontiers. **3.** Ses professeurs …… remarqué qu'il écoute ce qu' …… lui apprend, applique toujours ce qu' …… lui dit. **4.** Ses camarades …… remarqué que, désormais, …… fait souvent appel à lui.

9 **Soulignez l'homophone qui convient.**

1. *Peu / Peux / Peut*-tu verser un *peu / peux / peut* de lait dans mon bol ? **2.** *Peu / Peux / Peut* importe qui gagnera : tout *peu / peux / peut* arriver avec un *peu / peux / peut* de chance. **3.** Ce que tu racontes ne *peu / peux / peut* être vrai : tu ne *peu / peux / peut* avoir terminé ce travail en si *peu / peux / peut* de temps.

10 **Complétez les phrases avec des homophones de la leçon.**

1. …… mentir, avec un …… de mémoire, …… / …… se rappeler que Lancelot …… le nom d'un chevalier. **2.** Comment ……-tu imaginer …… penser qu'…… oublie un jour ces histoires …… extraordinaires car il …… passe toujours quelque chose ? **3.** Les cinéastes …… inspirent encore aujourd'hui. **4.** …… Kévin …… Paul ne s'en remettent à l'arbitre. **5.** Le chasseur …… tendu un piège …… l'oiseau. Celui-ci, …… méfiance, …… / …… pas pris garde.

Je récris

11 **a.** **Lisez mentalement le texte.** **b.** **Recopiez-le en le complétant avec des homophones de la leçon.**

Les villageois □ vu le prêtre □ les buissons. Ils □ cherché □ le sortir de là. Les vilains □ parvenaient pas. Ils étaient □ □ adroits qu'ils □ dû □ prendre □ plusieurs reprises pour le sortir □ l'écorcher davantage. □ □ dire que □ les enfants □ les adultes n'□ oublié cette aventure.

……………………………………………………

……………………………………………………

……………………………………………………

……………………………………………………

	Classe grammaticale	Exemples	Comment les distinguer ?
ce	déterminant ou pronom démonstratif	***Ce*** *prince fit un rêve.* ***Ce*** *qui lui plut,* ***ce*** *fut le banquet.*	*Ce* déterminant est placé devant un nom ou un adjectif. *Ce* pronom est placé devant le verbe *être* ou devant les pronoms *qui* ou *que*.
se	pronom personnel 3e p.	*Il* ***se*** *réveilla.*	*Se* est toujours placé devant un verbe.
ces	déterminant démonstratif	***Ces*** *livres rares sont reliés.*	Au singulier, *ces* devient *ce (ce livre)*.
ses	déterminant possessif	*Paul range* ***ses*** *livres.*	*Ses* devient *son* ou *sa (son livre)*.
c'est	pronom démonstratif + verbe *être*	***C'est*** *un beau livre.*	Remplacer *c'est* par *cela est*.
s'est	pronom personnel + verbe *être*	*Paul* ***s'est*** *acheté un beau livre.*	Mettre le groupe sujet + verbe à la 1re personne : *s'* devient *m'* ou *me*. *(Je me suis acheté un beau livre.)*

12 **Récrivez les phrases en transposant les noms en gras au pluriel. Soulignez le déterminant.**

1. La dame observe ce **chevalier**. ....
2. Le chevalier s'occupe de son **cheval**. ....
3. Connais-tu son **ami** ? ....
4. Il ignore le prix de cet **appareil**. ....
5. Gérard a oublié sa **raquette**. ....

13 **a. Cochez les phrases dans lesquelles on peut remplacer le groupe sujet + verbe par : *je me suis*.**
b. Rayez l'homophone incorrect.

1. Arthur *s'est / c'est* rendu à Tintagel. ☐ **2.** Le chevalier vaincu *c'est / s'est* rendu à l'ennemi. ☐ **3.** *C'est / S'est* la fête des fous qui attire tout ce monde. ☐ **4.** La reine *s'est / c'est* plainte des barons félons. ☐

14 **Complétez les phrases avec *se* ou *ce*, *s'* ou *c'*.**

1. .... site internet explique bien ....qu'est un réseau social et .... dont il faut .... méfier. **2.** Il .... fait tard : ....est l'heure d'aller .... coucher. **3.** Il est difficile de .... projeter dans le futur mais mon frère caresse .... rêve de .... rendre un jour sur Mars. **4.** Il .... entraîne pour .... tournoi.

Je récris

15 **a. Lisez mentalement le texte. b. Récrivez le texte en employant les homophones qui conviennent.**

Connais-tu ☐ mythe célèbre de Pygmalion, le sculpteur amoureux de sa statue ? Un jour il ☐ rend près de sa statue et, ☐ penchant vers elle, la couvre de baisers. Quand, de ☐ mains, il touche son cou, l'ivoire ☐ ramollit, ☐ creuse et cède sous ☐ doigts. Pygmalion hésite à ☐ réjouir : il craint de ☐ tromper. ☐ tellement incroyable !

....
....
....
....

Méthode 5

Récrire un texte en changeant le genre et/ou le nombre

Méthode

- Si on modifie le genre et/ou le nombre du nom noyau d'un groupe nominal, il faut **accorder**
  – **le déterminant** qui accompagne le nom ;
  – **les adjectifs** qui complètent le nom.
  son cher ami plein de vie → sa chère amie pleine de vie
- Si on modifie le genre et/ou le nombre du sujet d'un verbe, il faut :
  – **accorder le ou les verbes** avec le nouveau sujet ;
  – **modifier les pronoms** de reprise.
  *Le chevalier **entre** dans la cour et il **descend** de cheval.*
  *→ Les chevaliers **entrent** dans la cour et ils **descendent** de cheval.*
- Si on modifie le genre et/ou le nombre du sujet d'un verbe suivi d'un attribut du sujet ou d'un verbe employé avec l'auxiliaire *être*, il faut **accorder l'attribut ou le participe avec le sujet modifié.**
  *Son vieil ami **est prêt** à l'aider : il **est venu** pour cela.*
  *→ Sa vieille amie **est prête** à l'aider : elle **est venue** pour cela.*

J'applique la méthode

Comparez le texte A et la réécriture B : dans le texte B, soulignez les marques de féminin et entourez les marques de pluriel.

A. Connais-tu le cheval blanc et noir de ma sœur ? Il semble farouche mais il est doux et aisé à monter. Il paraît vif mais il est en réalité presque nonchalant.

B. Connais-tu le s jument s blanche s et noire s de ma sœur ? Elle s semble nt farouche s mais elle s sont douce s et aisée s à monter. Elle s paraisse nt vive s mais elle s sont en réalité presque nonchalante s.

Réécriture 1

Récrivez le texte en remplaçant *explorateur* par *exploratrices*.

Le jeune explorateur était plein d'enthousiasme. Il savait qu'il paraissait courageux pour les uns, trop audacieux pour les autres. Mais il était heureux de pouvoir partir à l'aventure.

....

....

....

....

Méthode 6

Relire une dictée

Méthode

Pour relire une dictée, il faut prêter attention :
- aux accords au féminin et au pluriel dans le groupe nominal ;
- à l'accord du verbe avec le sujet ;
- à l'accord de l'attribut du sujet et du participe passé employé avec *être* ;
- aux accords du **participe passé employé avec *avoir*** ;
- aux mots **homophones**, en particulier : *a/à – est/et – sont/son – ce/se – c'est/s'est* ;
- aux accents sur les voyelles.

J'applique la méthode

1. Pour relire et corriger cette dictée :
- soulignez en bleu les accords dans les groupes nominaux ;
- reliez d'une flèche rouge les verbes à leur sujet ;
- reliez d'une flèche verte le sujet aux attributs du sujet et aux participes passés employés avec *être* ;
- soulignez en noir les participes passés employés avec *avoir* et entourez le complément direct du verbe, s'il y en a.

Une scène de combat

Une pluie de lances, de flèches et de pierres est tombé sur les casques et sur les cuirasses des compagnons de Magellan. Les habiles arquebusiers ont visés avec soin. Ils ont abattu une dizaine d'ennemis et ont tracés ainsi une voie qui leur a ouvert un chemin vers le village. Bientôt les huttes ont brûlé, tout le monde a fui de tous côtés, mais en même temps que les flammes est montée la colère des guerriers indigènes. Puis une flèche a touchée la jambe de Magellan qui a surmonté sa douleur.

D'après G. Soncarrieu, *Le Premier Tour du monde*, © Le Livre de poche jeunesse, Hachette, 1996.

2. Recopiez le texte en le corrigeant.

....

....

....

....

....

....

Je prépare la dictée 3

1 **Transposez ces groupes nominaux au pluriel.**

– un corps accroupi : ....
– un mollet croisé : ....
– un genou remonté : ....
– une main posée : ....

2 **Entourez l'homophone qui convient.**

1. Il (*ni / n'y*) voyait toujours rien, mais il était plongé (*dans / d'en*) du blanc (*est / et*) non plus (*d'en / dans*) du noir. **2.** (*Et / Est*) le trou (*ou / où*) il était tapi était (*s'y / si*) doux !

3 **Recopiez et retenez ces mots.**

mollement : ....
un mollet : ....
le fond : ....
l'obscurité : ....
le corps : ....
tapi (tapir) / un tapis : ....
recroqueviller : ....
s'empêcher de : ....

Dictée 3

Titre : ....

....

....

....

....

....

....

....

Je corrige mes erreurs Après correction en classe, rectifiez :

– les erreurs de conjugaison : ....

....

– les erreurs d'accord des verbes avec leur sujet : ....

....

– les erreurs d'orthographe : ....

....

Je prépare la dictée 4

1 **a. Soulignez la terminaison de ces participes passés employés avec *être*.**
b. Placez devant chaque phrase le prénom qui convient : Michel ou Michèle.

.... : J'étais épuisé. .... : J'étais épuisée.

.... : J'étais logée avec les écuyers. .... : J'étais logé avec les écuyers

2 **Entourez l'homophone qui convient.**

1. un apprenti écuyer (*et* / *est*) (*son* / *sont*) hermine **2.** Si (*près* / *prêt*) du but, il est (*près* / *prêt*) à renoncer. **3.** Au point (*ou* / *où*) il en est, il lui faut faire preuve de courage (*ou* / *où*) abandonner son projet. **4.** Elle (*sans* / *s'en*) va (*sans* / *s'en*) être vue.

3 **Recopiez et retenez ces mots et groupes de mots :**

un apprenti : ....
un écuyer : ....
une hermine : ....
une gelée : ....
le château : ....
chaque soir : ....
une paillasse : ....
le corps éreinté : ....

Dictée 4

Titre : ....

....

....

....

....

....

....

Je corrige mes erreurs Après correction en classe, rectifiez :

– les erreurs de conjugaison : ....

....

– les erreurs d'accord des verbes avec leur sujet : ....

....

– les erreurs d'orthographe : ....

....

36 L'accord dans le groupe nominal

Je consolide mes apprentissages de cycle 3 — RÉVISER

- Les déterminants, les adjectifs, les participes passés employés comme adjectifs s'accordent en genre et en nombre avec le nom noyau du groupe nominal :
  Au cours de [sa longue ***expédition****], [le génial* ***Marco Polo****] visite [des* ***lieux*** *étranges].*
- Devant un nom ou un adjectif féminin singulier commençant par une voyelle ou un *h* muet, les déterminants possessifs *ma*, *ta*, *sa* deviennent *mon*, *ton*, *son* : *mon, ton, son envie ; mon ton, son histoire.*
- Devant un nom ou un adjectif masculin singulier commençant par une voyelle ou un *h* muet, le déterminant démonstratif *ce* devient *cet* : ***cet*** *arbre,* ***cet*** *horrible château.*
- Devant un adjectif pluriel, le déterminant *des* devient *de*, ou *d'* si l'adjectif commence par une voyelle ou un *h* muet : ***de*** *méchants enchanteurs,* ***d'****étranges créatures.*

1 **Accordez les déterminants et les adjectifs avec les noms en gras.**

1. (*ton*) (*lourd*) **épées** (*tranchant*) ....
2. (*un*) **chevaliers** (*serviable*) et (*loyal*) ....
3. (*ce*) (*surprenant*) **aventure** (*dangereux*) ....

2 **Transposez ces groupes nominaux au féminin.**

1. un loup cruel et affamé : .... louve ....
2. un paysan travailleur et gentil : .... paysanne ....
3. ce vieux comte malicieux : .... comtesse ....

3 **a. Accordez le déterminant. b. Transposez le groupe nominal au pluriel.**

1. (*son*) .... incroyable performance : ....
2. (*ce*) .... endroit maléfique et lugubre : ....
3. (*un*) .... impossible histoire ancienne : ....

- Si un adjectif ou un participe passé employé comme adjectif qualifie plusieurs noms, il se met au pluriel : *une forêt et une source ancienne****s*** *et caché****es****.*
- Si l'un des noms est au masculin, l'adjectif ou le participe passé employé comme adjectif se met au masculin : *une forêt et un lac ancien****s*** *et caché****s****.*

4 **Formez trois groupes nominaux en puisant un élément dans chaque liste.**

Déterminants	Adjectifs	Noms
de • cet • une	hautes • lourde • impressionnant	donjon • murailles • porte

.... ; .... ; ....

5 **Accordez les adjectifs et les participes passés.**

une prairie et une pelouse (*fleuri*) .... une allure et une cadence (*vif*) ....

une route et un chemin (*droit*) .... une souris et un rat (*craintif*) ....

- Les **adjectifs de couleur** s'accordent en genre et en nombre avec le nom qu'ils qualifient : *une étoffe verte, des tissus verts.*
- Ils restent **invariables** s'ils sont **composés de deux mots** (*une étoffe vert clair*) ou s'ils sont, à l'origine, **des noms** (*des étoffes marron*).

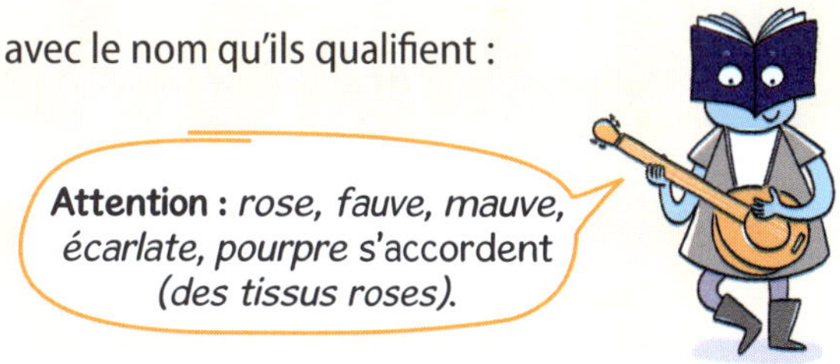

6 **Accordez les adjectifs entre parenthèses.**

1. Il porte une chemise (*bleu*) .... et une veste (*brun*) ....
2. Dans la nuit (*noir*) ...., apparaît la lune (*roux*) ....
3. Les plumes (*gris*) .... et (*blanc*) .... ont des reflets (*bleu*) ....

7 **Accordez si nécessaire les adjectifs entre parenthèses.**

1. Des nœuds (*rose pâle*) .... ornent leurs robes (*ivoire*) ....
2. Des rubans (*doré*) .... et (*crème*) .... ornent le sapin.
3. Des guirlandes (*vert bouteille*) .... et (*pourpre*) .... se balancent.
4. Des bougeoirs (*gris foncé*) .... sont posés sur des nappes (*jaune paille*) .... et (*orangé*) ....

Je récris

8 **Remplacez chaque nom en gras par celui proposé entre parenthèses et récrivez le groupe nominal.**

1. un vieux **tablier** noir et troué (*serviettes*) : ....
2. cette curieuse **valise** mauve (*sacs*) : ....
3. mes nouveaux **chevaux** blancs (*chemise*) : ....
4. une ancienne **assiette** vert pomme (*bols*) : ....

9 **a. Dans chaque groupe nominal entre crochets, soulignez le (ou les) nom(s) noyau(x).**

b. Recopiez le texte en faisant les accords nécessaires.

[Le chevalier et la dame (amoureux)] parcoururent [(un) (long) chemins (protégé)] sur [(leur) (puissant) chevaux (noir ébène)]. Renaud cueillit [(un) (merveilleux) fleurs (bleu)] aux [feuilles (vert foncé)] et les offrit à [(le) (beau) comtesse (ravi)].

D'après J. et W. Grimm, « Hans et Gretel », *Contes*.

....

....

....

....

....

37 Les accords du verbe avec le sujet

Je consolide mes apprentissages de cycle 3 — RÉVISER

Pour trouver le sujet, posez la question « Qui ? » ou « Qu'est-ce qui ? » avant le verbe ou tentez d'encadrer le sujet par « c'est… qui » ou « ce sont… qui ».

- **Le verbe s'accorde** toujours avec son **sujet**, en **personne** et en **nombre**, quelle que soit la place du sujet :
  Les chevaliers, venus de tout le pays, saluent le roi, dit le conteur.

1 **a. Reliez le verbe au sujet qui lui correspond.**
b. Récrivez le groupe sujet + verbe.

Sujet : tu → verbe -s
Sujet : ils (elles) → verbe -nt

il • • faites ……………
je • • vas ……………
nous • • pleut ……………
les enfants • • sais ……………
vous • • dirons ……………
tu • • suivent ……………

2 **Récrivez ces phrases en remplaçant : a. *il* par *je* ; b. *il* par *ils* ; c. *il* par *nous*.**

1. Il va à la montagne.

a. …………… b. …………… c. ……………

2. Il fit des efforts.

a. …………… b. …………… c. ……………

3 **a. Soulignez les sujets.**
b. Écrivez la terminaison des verbes au passé simple de l'indicatif en respectant l'accord avec le sujet.

1. Les deux animaux, à bonne distance, observ…… les volailles, d…… le conteur. 2. Le chat sournois propos…… à son compagnon d'avancer en éclaireur. 3. Au moment où appar…… l'animal au détour de la haie, les poules toutes ensemble vol…… en tous sens. 4. Le fermier, alerté par le bruit, sort…… de la maison et les deux voleurs s'enfu…….

- **Un sujet** peut commander l'accord de **plusieurs verbes** :
  Les chevaliers arrivent à la cour et saluent le roi.
- Quand un verbe possède **plusieurs sujets**, il s'accorde au **pluriel** :
  Le roi et la reine arrivent au château.

4 **a. Soulignez les sujets.**
b. Écrivez la terminaison des verbes au présent de l'indicatif en respectant l'accord avec le sujet.

1. Vous découvr…… les aventures de Lancelot et admir…… ses prouesses. 2. La reine identifi…… le félon et avert…… le roi Arthur. 3. Lancelot franch…… le Pont-de-l'Épée, croi…… voir des fauves et affront…… le danger. 4. Les chevaliers entend…… le récit de ses exploits et admir…… ce preux chevalier. 5. Le traître Méléagant construi…… une tour et y enferm…… Lancelot.

5 **a. Soulignez le (ou les) sujet(s) de chaque verbe.**

b. Accordez les verbes avec leur sujet en employant le temps de l'indicatif demandé.

Un jour qu'un sanglier et un renard (traverser, *imparfait*) .... un champ, le fermier et son fils (sortir, *passé simple*) .... du bois et (tenter, *passé simple*) .... de les attraper. Le sanglier et le renard (prendre, *passé simple*) .... aussitôt la fuite mais à l'extrémité du champ (apparaître, *passé simple*) .... deux gros chiens.

6 **Récrivez ce texte en remplaçant *il* par *ils*.**

Il enjamba le balcon et glissa le long d'une gouttière. Il fit le tour des bâtiments, s'engagea entre le mur et les arbustes et trouva une petite porte qu'il ouvrit avec les clefs du trousseau.

D'après M. Leblanc, *Les Confidences d'Arsène Lupin*, © Leblanc et LGF, 1967.

....

....

....

- Quand le sujet est un groupe nominal (GN), le verbe s'accorde avec le nom noyau :
*Les **chevaliers** du roi arrivent à la cour.*

7 **a. Dans le groupe nominal en gras, soulignez le nom noyau. b. Entourez la forme verbale correcte.**

1. **Les chevaliers de la Table ronde** *intéresse* / intéressent les lecteurs. 2. **Le lieu des tournois** *se situe* / *se situent* à la cour d'Arthur. 3. Dans les tribunes *arrive* / *arrivent* **une foule de dames.** 4. « **La maîtresse des lieux** *organise* / *organisent* une fête somptueuse », *déclare* / *déclarent* **le chef des chevaliers.**

8 **a. Soulignez les groupes nominaux sujets. b. Entourez le nom noyau. c. Conjuguez les verbes au futur de l'indicatif en respectant l'accord avec le sujet.**

Les associés du pirate (*accoster*) .... sur l'île, (*inspecter*) .... les lieux et (*chercher*) .... le rocher noir. Du succès de cette expédition (*dépendre*) .... la découverte du trésor. Les marins de l'expédition (*explorer*) .... l'île.

Je comprends

9 **a. Prononcez les phrases suivantes. b. Dans chaque phrase, soulignez le sujet et barrez la mauvaise réponse.**

On *jouera* / *joueront*. Chacun *jouera* / *joueront*. Tout le monde *jouera* / *joueront*.

c. Ces verbes sont-ils conjugués à la 3e personne : du singulier ? ☐ **du pluriel ?** ☐

10 **a. En vous appuyant sur l'observation précédente, soulignez le sujet et entourez la forme verbale qui convient.**

On *joue* / *jouent*. Chacun *joue* / *jouent*. Tout le monde *joue* / *jouent*.

On *jouait* / *jouaient*. Chacun *jouait* / *jouaient*. Tout le monde *jouait* / *jouaient*.

On *jouerait* / *joueraient*. Chacun *jouerait* / *joueraient*. Tout le monde *jouerait* / *joueraient*.

b. Pourquoi les formes verbales de l'exercice 10 sont-elles plus difficiles à accorder que celles de l'exercice 9 ?

....

11 **a. Soulignez le verbe dont le pronom relatif *qui* est sujet dans chaque phrase. b. Observez les pronoms en gras : pourquoi le pronom *qui* sujet entraîne-t-il des accords du verbe différents ?**

....

Moi qui vais à la mer, je suis content. **Nous** qui allons à la mer, nous sommes contents.

12 **a. Par quel pronom personnel pouvez-vous remplacer chaque groupe sujet en gras ? b. Dans chaque groupe sujet en gras, soulignez l'élément qui détermine l'accord du verbe en personne.**

Les parents arrivent. .... arrivent. **Vos sœurs** partent. .... partent.

Les parents et toi arrivez. .... arrivez. **Vos sœurs et vous** partez. .... partez.

Les parents, toi et moi arrivons. .... arrivons. **Vos sœurs, mes parents et moi** partons. .... partons.

Je retiens, je m'entraîne et je progresse

- Quand le sujet est *on*, *chacun(e)*, *tout le monde*, le **verbe s'accorde** au singulier, à la 3e personne : *On dansa. Chacun s'amusa et tout le monde fut heureux.*

13 **Observez les sujets soulignés et entourez la forme verbale correcte.**

1. On *chante / chantent* à la chorale et tous les élèves *progresse / progressent*. **2.** Les athlètes *s'entraîne / s'entraînent* et chacun *espère / espèrent* remporter les épreuves. **3.** On *commande / commandent* des glaces et tout le monde *se régale / se régalent*.

14 **a. Soulignez les sujets. b. Écrivez la terminaison des verbes à l'imparfait de l'indicatif.**

1. Tout le monde préfér.......... les vacances mais quelques élèves regrett.......... de quitter leurs camarades. **2.** Quand les voyageurs descend.......... du train, on entend.......... des cris de joie, chacun retrouv.......... sa famille ou ses amis. **3.** Tandis qu'on distribu.......... les rôles, tout le monde se tais.......... car chacune espér.......... jouer la princesse.

- Quand le sujet est le pronom relatif *qui*, **le verbe s'accorde** avec ce pronom qui reflète le genre, le nombre et la personne du nom ou du pronom qu'il représente : *Moi qui **suis** parti, je pense à vous toutes qui **êtes** restées.*

15 **Complétez ces phrases en tenant compte des mots soulignés et en conjuguant les verbes au présent de l'indicatif.**

1. Toi qui (*aller*) .... à la montagne, fais de belles randonnées. **2.** C'est vous qui (*choisir*) .... l'horaire du départ. **3.** Voici Pauline qui (*tenir*) .... les comptes de l'association. **4.** Moi qui (*dire*) .... aimer les insectes, je m'adresse à eux qui (*étudier*) .... ces animaux en biologie.

16 **Accordez chaque verbe entre parenthèses en le conjuguant au présent de l'indicatif.**

1. J'observe des vacanciers qui (*planter*) .... leur tente et qui (*installer*) .... leur matériel. **2.** Toi qui (*adorer*) .... lire, connais-tu ce roman et cette bande dessinée qui (*se trouver*) .... sur le bureau ? **3.** C'est moi qui (*arroser*) .... les tomates et c'est vous qui (*cueillir*) .... les fleurs.

- Si le **groupe sujet** comporte un pronom personnel de la 1re personne, le **verbe s'accorde** à la 1re personne du pluriel :
  ***Paul, toi et moi partirons** ensemble.*
- Si le **groupe sujet** est à la 2e et à la 3e personne, le **verbe s'accorde** à la 2e personne du pluriel :
  ***Paul et toi partirez** ensemble.*

17 **Complétez ces phrases en entourant le (ou les) pronom(s) qui convien(nen)t.**

1. Toi et *moi / nous / vous* participons à la sortie. 2. Pierre et *moi / toi / elle* préparerons les sacs. 3. Elle, lui et *moi / toi / vous* partirez d'abord. 4. Vous et *moi / nous / ils* atteindrons le sommet.

18 **Écrivez les verbes entre parenthèses aux temps de l'indicatif indiqués.**

1. Elles et moi (prendre, *futur*) .... le train. 2. Toi et moi (avoir, *présent*) .... des amis différents. 3. Est-ce que Jeanne, François et toi (savoir, *présent*) .... que Sophie et moi ne (venir, *futur*) .... pas la première semaine ? 4. Vous et vos amis qui (apprécier, *présent*) .... le bateau, nous vous invitons sur le nôtre. 5. Vous et moi qui (lire, *présent*) .... ce roman, nous le trouvons passionnant.

19 **a. Soulignez les terminaisons de chaque verbe en gras et entourez le sujet avec lequel il s'accorde.**
b. Entourez les pronoms relatifs sujets des verbes en italique, puis reliez par une flèche chaque pronom au nom qu'il représente.

Le maître des lieux **fronça** les sourcils en apercevant les tourelles du château voisin qui *montaient* vers le ciel. Tout le monde **connaissait** la rivalité entre les deux seigneurs qui ne *s'appréciaient* pas. À la suite de Renaud de Morlange **venaient** ses chevaliers qui *chassaient* avec lui. « Guillaume et toi **rabattrez** les sangliers », **dit**-il à deux de ses compagnons.

D'après A. Surget, *Le Renard de Morlange*, © Nathan Poche, 1995.

Je récris

20 **a. Soulignez les sujets des verbes.**
b. Recopiez le texte en écrivant les verbes entre parenthèses aux temps indiqués.

Seigneurs, dames et vous tous, (dire, *présent*) le conteur, (aller, *présent*) entendre une curieuse histoire. La femme d'un paysan (donner, *plus-que-parfait*) à son mari cinq pièces de monnaie qui (devoir, *imparfait*) servir à payer les courses. Le paysan et son fils (partir, *passé simple*). Au marché, chacun (connaître, *imparfait*) la naïveté du paysan.

....

....

....

....

Réécriture 2

Récrivez le texte en mettant « vieillard » au singulier.

Relisez-vous en vous aidant de la Méthode 5 p. 92.

Jack et l'épouvantail virent s'ouvrir les portes imposantes du vieil hôtel de ville, d'où sortirent des vieillards vêtus d'une longue robe rouge. Ils marchaient en tête d'un cortège solennel. Le secrétaire de mairie les suivait. Escortés par une armée de policiers arborant leurs beaux habits du dimanche, ils traversèrent seuls la place ensoleillée et gravirent les hautes marches menant au tribunal.

D'après Ph. Pullman, *L'Épouvantail et son valet*,

Réécriture 3

Récrivez le texte en remplaçant « roche » par « rochers », « château » par « remparts » et « chemin » par « sentiers ».

Relisez-vous en vous aidant de la Méthode 5 p. 92.

La forteresse

C'était une roche naturelle, dure, haute et large qui allait jusqu'au rivage où elle se perdait dans les flancs de la montagne. [...] Le château, bâti sur la roche abrupte, n'avait aucune entrée fermée par une solide porte ouvragée et renforcée. [...] Le chemin d'accès naturel, qui conduisait à la haute montagne, était si étroit qu'un seul homme à la fois pouvait y passer.

« Le conte des enfants-cygnes », *Fabliaux et contes moraux du Moyen Âge*,

38 L'accord de l'attribut du sujet et du participe passé employé avec être

Je consolide mes apprentissages de cycle 3

RÉVISER

L'**attribut du sujet** et le **participe passé employé avec « être » s'accordent** en genre et en nombre avec le **sujet** du verbe.

***La fée Viviane** est **redoutée** à cause de ses pouvoirs.*

1 **Entourez les participes passés qui s'accordent avec les sujets soulignés.**

1. Les armes étaient (*préparée / préparés / préparées*) et (*distribué / distribuées / distribuée / distribués*). **2.** Arthur et ses chevaliers sont (*parti / partie / partis / parties*) à la quête du Graal ; ils paraissent (*convaincu / convaincues / convaincus*). **3.** Cette chanson de geste était (*raconté / racontés / racontée / racontées*) par le troubadour et (*apprécié / appréciée / appréciées*) des hommes.

2 **a. Soulignez les sujets. b. Accordez les participes passés avec les sujets.**

1. Guenièvre était (*ravi*) .... de retrouver Lancelot et le chevalier semblait (*satisfait*) .... de son sort. **2.** Les bougies semblaient (*éteint*) .... mais la nuit était (*tombé*) .... **3.** Des lueurs étaient (*apparu*) .... à l'horizon. **4.** Ces fruits paraissent (*durci*) .... par le gel.

3 **Accordez les participes passés avec les sujets.**

Ce vilain était (*assis*) .... sur une souche ; la créature est (*composé*) .... de différents animaux. Ses cheveux étaient (*mêlé*) .... en broussaille, ses oreilles étaient (*allongé*) .... comme celles d'un éléphant, sa bouche était (*fendu*) .... comme celle d'un loup et ses sourcils faisaient peur. Sa lourde silhouette était (*appuyé*) .... sur sa massue.

D'après Chrétien de Troyes, *Yvain ou le Chevalier au lion*, XIIe s.

4 **Accordes les attributs du sujet.**

1. La fée Mélusine semblait (*ravi*) .... de la situation. **2.** Les falaises semblaient (*abrupt*) .... et (*pareil*) .... à des montagnes. **3.** Ces amies sont (*gai*) .... et (*joyeux*) .... **4.** Ces athlètes féminines semblent (*actif*) .... et bien (*entraîné*) ....

5 **Accordez les participes passés et les attributs du sujet entre parenthèses avec les sujets.**

1. Les navigatrices de cette équipe étaient (*résolu*) .... à gagner la course. **2.** La fille des voisins est (*chaleureux*) .... et (*accueillant*) .... **3.** Est-elle (*satisfait*) .... de son métier ? **4.** Il cherche une maison qui soit (*situé*) .... en bord de mer. **5.** Laquelle de ces maisons est (*orné*) .... de fresques ?

Je récris

6 **Récrivez les phrases 2, 3 et 5 de l'exercice 5 en mettant les sujets au pluriel.**

....

....

39 Les accords du participe passé employé avec *avoir*

Je comprends

1 **a. Avec quel auxiliaire le participe passé est-il employé dans les trois phrases ?** ....

A. J'ai regardé **ma mère**. **B.** Luc a envoyé **des lettres** à ses amis. **C.** Vous aviez ouvert **la porte**.

b. Observez ces deux dessins puis reportez sur chaque drapeau ci-dessus le numéro qui correspond.

c. Dans chaque phrase, l'ordre des mots est-il :

participe passé + complément direct du verbe ☐ ? complément direct du verbe + participe passé ☐ ?

d. Dans cet ordre, le participe passé employé avec *avoir* s'accorde-t-il en genre et en nombre avec le complément direct du verbe ? OUI ☐ NON ☐

2 **a. Avec quel auxiliaire le participe passé est-il employé dans les trois phrases ?** ....
b. Observez les dessins ci-dessus et reportez sur chaque drapeau le numéro qui correspond.

A. Quels fruits as-tu achetés ? **B.** Ces prunes, tu **les** as goûtées. **C.** La pêche **que** tu as goûtée sent bon.

c. Dans chaque phrase, l'ordre est-il :

participe passé + complément direct du verbe ☐ ? complément direct du verbe + participe passé ☐ ?

d. Dans cet ordre, le participe passé employé avec *avoir* s'accorde-t-il en genre et en nombre avec le complément direct ? OUI ☐ NON ☐

Je retiens, je m'entraîne et je progresse

- Si le complément direct est placé après le verbe ou s'il n'y a pas de complément direct du verbe, le **participe passé employé avec l'auxiliaire *avoir* ne s'accorde pas** : il s'écrit au masculin singulier : *J'ai **lu plusieurs romans**. J'ai dormi.*
- Le **participe passé** employé avec l'auxiliaire *avoir* **s'accorde** en genre et en nombre **avec le complément direct du verbe** si le complément direct est placé avant le verbe : ***Quelle émission** as-tu **regardée** ?*

3 **a. Numérotez les drapeaux : ❶ pour le participe, ❷ pour le complément direct.**
b. Accordez les participes passés si nécessaire.

Le participe passé employé avec l'auxiliaire *avoir* ne s'accorde jamais avec le sujet.

1. Ils ont vécu des aventures passionnantes. **2.** Quels livres as-tu lu........... ?

3. J'ai rencontré Anne et je l'ai apprécié....... . **4.** Il a vu les toiles que l'artiste a peint....... .

4 **a. Placez des numéros : après les participes ① et après les compléments directs du verbe ②.**
b. Accordez les participes passés si nécessaire.

1. Le présentateur a apporté (......) des fiches (......), puis il les (......) a distribué............ (......).
2. La ferme que (......) nous avions connu...... (......) jadis a perdu (......) ses tourelles (......).
3. Elle t'a prêté (......) ses livres (......) et tu les (......) lui as rendu............ (......).

- Le **complément direct placé avant le verbe** peut être :
  – un **pronom personnel** (***me, te, le, la, les, se, nous, vous***) : *Ces livres, je les ai lus.*
  – le **pronom relatif** ***que*** : *Voici les livres que j'ai lus.*
  – un **pronom interrogatif** (***lequel ?, laquelle ?, lesquels ?, lesquelles ?***) : *Lesquels avez-vous lus ?*
  – un **GN comportant un déterminant interrogatif** : *Quels livres as-tu lus ?*

5 **Récrivez les phrases en remplaçant les compléments directs du verbe en gras par des pronoms personnels que vous soulignerez.**

1. Elle a décoré **l'entrée et la cuisine.** .... 2. J'ai suivi **mes amis.** ....
3. As-tu peint **les chaises** ? .... 4. Il nous a offert **des fleurs.** ....

6 **Transformez les phrases en phrases interrogatives, sur ce modèle :**

Il a perdu une clef. → Quelle clef a-t-il perdue ? / Laquelle a-t-il perdue ?

1. Tu as pris des mesures. .... / ....
2. Elle a écrit une lettre. .... / ....
3. Ils ont fait des dessins. .... / ....

7 **a. Soulignez les compléments directs du verbe. b. Conjuguez les verbes au passé composé, accordez le participe passé si besoin.**

1. Tu (*ramasser*) .... des champignons que tu (*poser*) .... dans un panier.
2. Nous (*photographier*) .... la voiture que nous (*acheter*) ....
3. Vous (*imprimer*) .... les listes que vous (*recevoir*) ....

Je récris

8 **Récrivez le texte en conjuguant les verbes au passé composé.**

J'entendis un bruit de roues et je vis la charrette que François conduisit au hangar. L'oncle Jules suivait sa femme et ses enfants et je les aperçus sous la pluie. Quelle sensation cette image laissa-t-elle en moi ?

D'après M. Pagnol, *Le Château de ma mère* © Éditions de Fallois, 1988.

....
....
....
....
....

Je prépare la dictée 5

1 **Soulignez les compléments directs et accordez si nécessaire les participes passés des verbes entre parenthèses.**

1. Le vieux (avait amené..............) la femelle et l'(avait assommé..............). **2.** Il lui (avait assené..............) sur la tête des coups violents. **3.** Cette femelle, il l'(avait hissé..............) par-dessus bord. **4.** Le vieux n'(avait jamais oublié..............) cela.

2 **Entourez l'homophone qui convient.**

1. Le vieux avait assommé la femelle (*à coups* / *a cous*) de gourdin.

2. Soudain, alors que le vieux s'affairait (*à* / *a*) dégager les lignes (*est* / *et*) préparait le harpon, le mâle fit un (*bond* / *bon*) prodigieux (*hors* / *or*) de l'eau tout (*près* / *prêt*) de la barque, afin de voir (*où* / *ou*) était la femelle.

3 **Recopiez et retenez ces mots et groupes de mots :**

une gaffe : .... s'affairer : ....

se cramponner : .... du papier de verre : ....

assener : .... hisser : ....

Dictée 5

Titre : ....

....

....

....

....

....

....

....

....

Je corrige mes erreurs **Après correction en classe, rectifiez :**

– les erreurs de conjugaison ou d'accord des verbes : ....

– les erreurs d'accord des participes passés : ....

– les erreurs d'orthographe : ....

Je prépare la dictée 6

1 **a.** **Soulignez les compléments directs des verbes en gras.**
b. **Récrivez les phrases en conjuguant ces verbes au plus-que-parfait.**

1. C'était un tonneau de poudre que Robinson **enfouissait.** → ……………………………………

……………………………………………………………………………………

2. Les chèvres **défonçaient** la clôture. → ……………………………………
3. Il ramassait les objets que la grotte **vomissait.** → ……………………………………
4. Il achevait de détruire les objets qu'il **trouvait.** → ……………………………………

2 **Recopiez et retenez ces mots :**

la grêle : ……………………… un tonneau : ………………………

la clôture : ……………………… le corral : ………………………

un fusil : ……………………… le cèdre : ………………………

Dictée 6

Titre : ……………………………………………………………………

……………………………………………………………………………………

……………………………………………………………………………………

……………………………………………………………………………………

……………………………………………………………………………………

……………………………………………………………………………………

……………………………………………………………………………………

……………………………………………………………………………………

……………………………………………………………………………………

……………………………………………………………………………………

Je corrige mes erreurs **Après correction en classe, rectifiez :**

– les erreurs de conjugaison ou d'accord des verbes : ……………………………

– les erreurs d'accord des participes passés : ……………………………

– les erreurs d'orthographe : ……………………………

40 Formation des mots et familles de mots

Je consolide mes apprentissages de cycle 3 — RÉVISER

- La plupart des mots se forment en ajoutant à un radical qui **porte le sens du mot** un préfixe (élément qui précède) et/ou un suffixe (élément qui suit), (voir p. 110).

  tour → *en/tour/age*
  préfixe radical suffixe

- L'**ensemble de mots** qui ont le même radical forme une famille de mots ; un rapport de sens réunit les mots d'une même famille.

  cheval → ***caval**ier, **caval**erie, **cheval**ier, **cheval**erie, **chevauch**er, **cheval**in*

  Dans une même famille, le radical peut prendre des **formes différentes** : ***caval**ier, **cheval**ier, **chevauch**er.*

  Les mots d'une même famille appartiennent à des **classes de mots différentes** : *chevalier* (nom), *chevaucher* (verbe), *chevalin* (adjectif).

1 **a. Soulignez de deux couleurs différentes tous les mots des familles des deux mots en gras dans le texte.**

Pour le **tournoi**, on entoure le **champ** d'une palissade. À l'entrée sur le terrain, les seigneurs de chaque camp en lice tournent leurs regards vers leur dame. Ils font tournoyer leur lance avec habileté. Dans l'entourage de la reine, chacun frémit : le combat prend une mauvaise tournure pour son champion.

b. Quelles sont les formes de radical pour chaque famille ? ....

2 **Complétez les phrases suivantes à l'aide de mots de la famille de *arm*-.**

1. Le suzerain a convoqué toute son .... pour livrer bataille. **2.** L'.................... d'un chevalier se compose notamment d'une cuirasse, d'une épée et d'une lance. **3.** Les premières .... à feu sont apparues au XIIIe siècle ; depuis, l'.................... n'a cessé d'évoluer. **4.** Un écu portait les .... de la famille du chevalier. **5.** Celui qui fabriquait la lance, l'épée et le heaume du chevalier se nomme un ....

3 **Placez au bon endroit ces mots formés sur le radical latin *scutum*, « le bouclier ».**

écu — écuyer — écusson — écurie

1. Le chevalier se protège avec son .... **2.** Son .... l'a aidé à enfiler son armure. **3.** Il lui a choisi le meilleur cheval dans l'..................... **4.** Le mur de la grande salle du château est orné d'un .... aux armes de la famille.

4 **Complétez ces phrases à l'aide de mots de la famille de *lance*.**

1. Le jongleur .... ses balles en l'air. **2.** Le plongeur .... du plongeoir des dix mètres. **3.** L'athlète prend son .... avant de sauter. **4.** En période de crise, la .... économique est difficile. **5.** On procède aujourd'hui au .... de la fusée Ariane.

Je comprends

5 **a. Soulignez les deux noms composés d'un nom et d'un adjectif.**

Au Moyen Âge, les seigneurs vivaient dans des châteaux forts qui comportaient un donjon et dont l'accès était défendu par un pont-levis et une herse.

b. Entourez le troisième nom composé : quel signe permet de le repérer ? ....

6 **De quels éléments les mots *madame* et *monseigneur* sont-ils composés ?**

....

Je retiens, je m'entraîne et je progresse

- Un mot peut être formé en associant :
  – des mots de la langue française : *château fort, mademoiselle, chauve-souris* ;
  – des éléments d'origine grecque ou latine : *mono/tone* (« qui a un seul ton »), *mon/archie* (« gouvernement par un seul homme »).
- Les **mots composés** peuvent se présenter en **un** ou **plusieurs mots** ; certains comportent un trait d'union.

7 **Associez les mots qui vont ensemble afin de former des noms composés.**

chemin •	• à vis	chef •	• -arts
basse •	• de ronde	beaux •	• à cordes
escalier •	• -cour	instrument •	• -d'œuvre

8 **a. Soulignez l'élément commun à ces noms.**

pisciculteur | agriculteur | horticulteur | viticulteur | ostréiculteur | apiculteur

b. Lequel de ces noms signifie :

– « qui cultive le vin » ? ....
– « qui cultive les champs » ? ....
– « qui cultive les jardins » ? ....
– « qui élève des huîtres » ? ....
– « qui élève des abeilles » ? ....
– « qui élève des poissons » ? ....

9 **a. Soulignez dans le texte le mot formé avec un préfixe.**

Quand tous les trois furent en selle, ils se mirent en route avec la permission de leur hôte qui les avait reçus et honorés aussi bien qu'il avait pu le faire. Jusqu'au crépuscule, ils ne cessèrent de chevaucher.

b. Formez deux mots de la même famille. ....

c. Donnez deux mots de la famille de *chevaucher*. ....

Je rédige

10 **Rédigez un petit texte dans lequel vous emploierez au moins trois noms formés dans l'exercice 7.**

41 Préfixes et suffixes latins et grecs

Je comprends

1 **a. Soulignez l'élément commun à chaque liste de mots.**

A. transporter • transvaser • transpercer • transatlantique

B. hypermarché • hypertension • hyperactif

b. Où cet élément est-il placé dans le mot ? ....

c. Que signifie l'élément hérité du latin (liste A) ? ....

Que signifie l'élément hérité du grec (liste B) ? ....

2 **a. Soulignez l'élément commun à ces mots.**

liberté • égalité • fraternité

b. Où cet élément est-il placé dans chaque mot ? ....

c. Quelle est la classe grammaticale de ces mots ? ....

Je retiens, je m'entraîne et je progresse

- Les préfixes, placés avant le radical, en **modifient le sens**.
- Les préfixes latins sont les plus nombreux. Certains, très fréquents, changent au contact du radical :
  – *ad-* (*a-*, *ac-*, *ad-*, *ag-*, *ap-*, *att-*), « vers » : ***ad**mettre*, ***ac**cueillir* ;
  – *co-* (*col-*, *com-*, *con-*, *cor-*), « avec » : ***co**propriétaire*, ***com**parer* ;
  – *ex-* (*em-*, *e-*), « hors de » : ***ex**porter*, ***em**porter* ;
  – *in-* (*il-*, *im-*, *ir-*), « le contraire de, dans » : ***in**séparable*, ***im**porter*.
- Principaux préfixes grecs :
  – *anti-* (*ant-*), « contre » : ***anti**pathie* ;
  – *hyper-*, « au-dessus de » : ***hyper**marché* ;
  – *méta-*, « changement » : ***méta**morphose* ;
  – *péri-*, « autour » : ***péri**mètre* ;
  – *dia-*, « à travers » : ***dia**mètre* ;
  – *hypo-*, « en dessous de » : ***hypo**tension* ;
  – *para-*, « à côté de, contre » : ***para**lympique*, ***para**pluie* ;
  – *syn-* (*sym-*, *syl-*), « avec » : ***sym**pathie*.

3 **Formez le contraire des adjectifs suivants à l'aide d'un préfixe.**

légal : .... mobile : .... pair : .... fatigable : ....
réalisable : .... patient : .... satisfait : .... réel : ....

4 **Formez des mots à l'aide des préfixes demandés en les modifiant selon le radical qui suit.**

ad- : ......mener • ......crocher • ......hérer • ......porter • ......jectif • ......tirer
co- : ......latéral • ......parer • ......fronter • ......respondre
ex- : ......merger • ......mener • ......traire • ......migration

5 **En vous servant des mots et radicaux de la liste, complétez le tableau de la page 111.**

céder • rompre • nom • amener • poser • former • porter • naissance

Préfixes	Sens	Exemples
dé-	suppression, de haut en bas	*décéder*, ...
inter-	entre	....
pro-	à la place de, en avant	....
re- / ré-	en arrière, à nouveau	....
trans-	à travers	....

6 **En vous servant de préfixes grecs, formez les mots qui correspondent à ces définitions.**

1\. ligne tracée d'un angle à l'autre : .... 2. lignes qui ne se rencontrent pas : ....

3\. mots de même sens : .... 4. mots de sens contraires : ....

- Les **suffixes** se placent **après** un radical ou un mot dont ils modifient généralement la classe grammaticale.
- Des suffixes d'origine latine servent à former de nombreux **noms féminins** :
  – **-eur** : *chaleur* ; – **-té** : *liberté* ;
  – **-ion**, **-ation**, **-ition**, **-otion**, **-ution** : *religion, imagination, addition, émotion, révolution*.

7 **À partir des adjectifs proposés, formez des noms et rangez-les dans le sac approprié.**

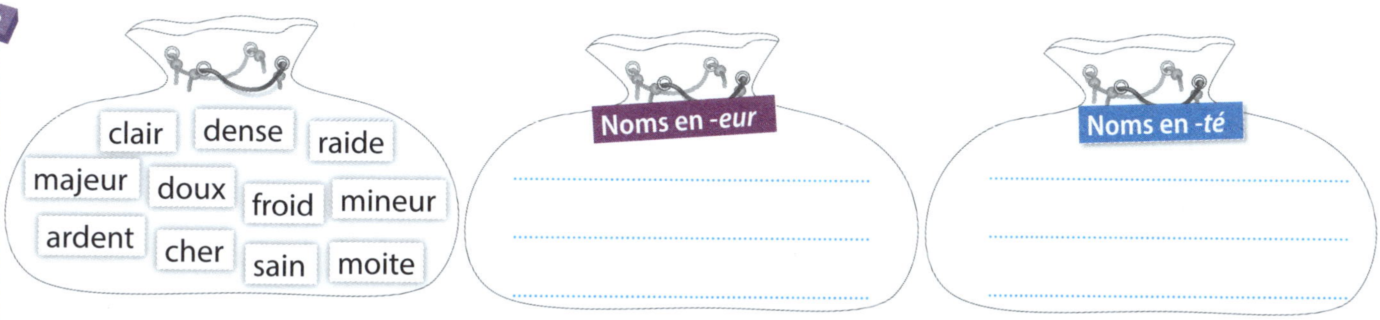

8 **Inscrivez dans chaque rectangle le suffixe qui convient au radical :** -ion • -ation • -ition • -otion • -ution.

1\. adapt[........] 2. résol[........] 3. locom[........] 4. opin[........] 5. expéd[........]

9 **Formez six noms terminés par le suffixe *-ion* à l'aide de ces préfixes et de ces radicaux.**

Préfixes : con- inter- per- pré- pro- ré- **Radicaux :** -dict- -duct- -fect-

....

....

10 **Formez des noms à partir de ces adjectifs.**

lent → .... • pieux → .... • pâle → .... • loyal → ....

Je rédige

11 **Employez les noms de l'exercice 10, chacun dans une phrase qui mette en évidence son sens.**

....

....

42 Histoire des mots

Je comprends

1 **a. Dans cette phrase, entourez les noms qui s'emploient encore aujourd'hui.**
Une armure médiévale comportait entre autres un heaume et une épée.

b. Donnez un synonyme moderne du nom que vous n'avez pas entouré. ....

2 **a. Comparez les mots en gras des phrases A et B : quelle lettre a disparu ?** ....

b. Par quoi cette lettre est-elle remplacée ? ....

A. Il vit en songe la **teste** d'or riche et pure.
(Guillaume de Machaut, XIVe siècle)

B. Il vit en songe la **tête** d'or riche et pure.

Je retiens, je m'entraîne et je progresse

- Le français actuel provient de l'**ancien français**, lui-même hérité du **latin**.
- Au fil des siècles :
  – certains mots ont **disparu** : *palefroi*, « cheval de parade » ;
  – d'autres ont **changé de sens** : au Moyen Âge, *un bourgeois* désignait celui qui habitait un gros village (un bourg) ; aujourd'hui, il désigne une personne aisée ;
  – de nombreux mots se sont **transformés** : ainsi, parfois, le « **s** » a été remplacé par un **accent circonflexe** : *fenestra* (latin) → *fenestre* (ancien français) → *fenêtre*.
- Certains mots sont formés à partir du **latin savant**, d'autres du **latin populaire** et **oral**.
  caballus (latin populaire) → *cheval* *equus* (latin savant) → *équestre*

3 **Les mots en gras sont employés avec leur sens médiéval : employez chacun d'eux dans une phrase qui exprimera son sens moderne.**

1. Les **jongleurs** allaient de ville en ville pour chanter des vers et jouer de la musique.

....

2. Un **vilain** était un paysan libre.

....

3. Les **champions** s'affrontaient en tournoi, devant leur suzerain.

....

4 ***Hôte* et *hôpital* proviennent du latin *hospitis* (« celui qui accueille ») : retrouvez les mots de cette double famille qui correspondent aux définitions suivantes.**

1. Lieu où dorment des voyageurs : .... ou ....
2. Personne qui tient une auberge : ....
3. Accueillant : ....
4. Action d'accueillir chez soi : ....
5. Maison pour personnes âgées : ....
6. Action de faire entrer dans un hôpital : ....

- Un même mot latin peut donner en français un **doublet** (deux mots de sens proche) : un mot transmis oralement du latin populaire et peu à peu transformé et un mot d'origine savante, formé directement sur le mot latin.
  strictus (latin, « étroit ») → *étroit* (mot populaire), *strict* (mot savant).

5 **Pour chaque racine latine, indiquez à côté du mot populaire : a. le mot savant de même classe grammaticale ; b. le sens de ce mot savant.** Ex. : *captare (« chercher à prendre ») : chasser* **a.** *capter* **b.** *chercher à obtenir*

incantare (« chanter ») : enchantement **a.** .... **b.** ....

integer (« intact ») : entier **a.** .... **b.** ....

eradicare (« déraciner ») : arracher **a.** .... **b.** ....

- Au Moyen Âge, le français s'est enrichi au contact d'autres langues, parmi lesquelles :
  – les **langues germaniques**, dont le **francique**, à la suite des invasions : *un bourg* (de *Burg*, « forteresse ») ;
  – l'**arabe**, lors des croisades : le mot *sifr*, « vide », a donné *chiffre* (qui a d'abord signifié « zéro ») puis *zéro* ;
  – l'**espagnol**, enrichi des langues des Caraïbes et d'Amérique à la suite des grandes découvertes : *canoë, canot.*

6 **Les Francs étaient des guerriers et des paysans : replacez ces mots, hérités du francique, sur l'arbre qui convient :** jardin • blesser • haie • dard • épieu • troupeau • guerre • blé • hêtre.

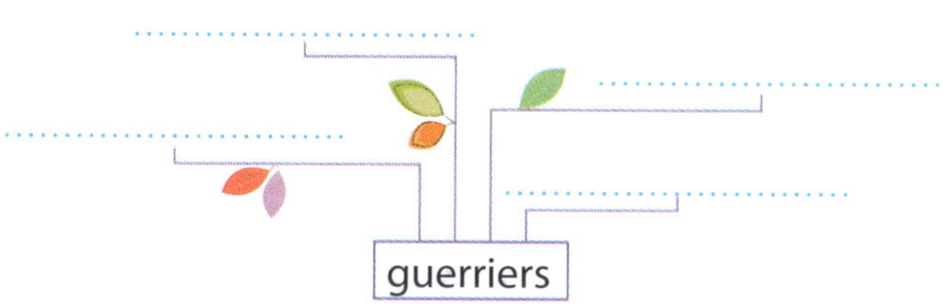

7 **Replacez ces noms de plantes en face de leur région d'origine :** avocat • cacahuète • cacao • café • chocolat • estragon • nénuphar • orange • pastèque • patate • tomate.

le nord de l'Afrique : ....

les Antilles et l'Amérique du Sud : ....

Je rédige

8 **a. Donnez le dérivé savant correspondant à chaque dérivé populaire en gras.**
b. Employez chacun de ces dérivés savants dans une phrase.

1. **a.** ***cueillette*** provient du latin *collectio* (« action de rassembler ») : ....
   b. ....

2. **a.** ***sanglier***, du latin *singularis* (« unique, seul ») signifie « cochon solitaire » : ....
   b. ....

9 **Rédigez deux phrases en employant *tournoi* : l'une avec son sens médiéval, l'autre avec son sens moderne.**

....

....

43 Mots génériques et mots spécifiques

Je comprends

1 **Que désignent les mots ci-dessous ?** ....

palais • mansarde • manoir • château • cabane

2 **a. Soulignez dans le texte tous les mots désignant *un cheval*.**

Il existe toutes sortes de noms pour désigner un cheval. Au Moyen Âge, le cheval de parade se nomme un palefroi, le destrier étant le cheval utilisé au combat. Un mauvais cheval se nomme un canasson ou un roncin.

b. Quels sont ceux qui donnent une information documentaire ? ....

Ceux qui ont un sens péjoratif ? ....

Je retiens, je m'entraîne et je progresse

- Un **mot générique** est un mot de sens général qui englobe un ensemble de **mots spécifiques** : *une chaussure*.
- Les **mots spécifiques** donnent des informations documentaires : *une poulaine* (chaussure au Moyen Âge) ou des nuances de sens : *une savate* (une chaussure en piteux état).

3 **Quel mot générique correspond à chacune de ces listes ?**

1. un heaume • un haubert • un écu • une lance • une cotte de maille → ....
2. un drapier • un mercier • un tailleur → ....
3. un marteau • des tenailles • une hache • un vilebrequin • une scie → ....

4 **Quel est l'adjectif générique pour chaque couleur ?**

vermillon, grenat, cerise : .... safran, citron, or : ....

azur, marine, ciel, indigo : .... émeraude, olive, sapin : ....

5 **a. Quel mot générique correspond à :** joute • tournoi • duel **?** ....

b. Complétez les phrases avec les mots spécifiques ci-dessus.

1. Les chevaliers s'affrontaient tour à tour dans des .... équestres. **2.** Les combattants s'affrontaient dans des .... singulières. **3.** Les deux hommes règlent leur dispute par un ....

Je rédige

6 **Racontez une promenade en forêt. Vous emploierez les mots génériques suivants :** arbres • plantes • animaux, **et plusieurs mots spécifiques correspondants que vous soulignerez.**

44 Synonymes et antonymes

Je consolide mes apprentissages de cycle 3 — RÉVISER

- Les **synonymes** sont des mots ayant un **sens identique** ou très **proche** : *savant, cultivé, clerc.*
  Un même mot peut avoir des **synonymes différents selon le contexte** : *une pierre **dure** (= résistante) ; un suzerain **dur** (= impitoyable).*
- Les **antonymes** sont des mots ayant des **sens contraires** : *savant ≠ ignorant ; la connaissance ≠ l'ignorance.*

1 **Quels synonymes de *lâche* associez-vous à chacune des deux phrases :** détendu • peureux • poltron • flottant ?

1. Le chien a pu s'échapper car le nœud de la corde était lâche. ....

2. Elle se moque du combattant lâche qui s'enfuit. ....

2 **Complétez chacune de ces deux phrases par deux de ces antonymes de *lâche* :** courageux • serré • tendu • vaillant.

1. Le chien n'a pas pu s'échapper car le nœud de la corde était ....

2. Elle félicite le combattant .... qui ne s'enfuit pas.

3 **Inscrivez dans chaque domino le synonyme qui convient :** adversaire • jeune • affection • indépendance • discorde • accord.

adolescent	....	autonomie	....	tendresse	....
rival	....	tension	....	harmonie	....

4 **Proposez un mot pour compléter chaque série de synonymes.**

1. duper, flouer, leurrer, ...
2. félon, hypocrite, ...
3. relations, liens, ...
4. fiable, fidèle, ...

Je récris

5 **Récrivez le texte en employant un synonyme pour chaque terme en gras.**

Les jeunes revendiquent souvent leur **indépendance** même si leur **tendresse pour** leur famille reste très forte. Leurs **liens** avec les autres sont parfois sources de **discordes**, le plus souvent sources d'**accord**. Un ami **fiable** ne cherchera jamais à **tromper** celui qui a sa confiance.

45 Les sens d'un mot : sens propre et sens figuré

Je comprends

1 **Reliez le mot en gras à sa définition.**

Le **navigateur** affronte la tempête. • • un logiciel de connexion

Le **navigateur** que j'utilise est Internet Explorer. • • un marin

2 **En vous aidant du contexte et des mots entre parenthèses, retrouvez le nom commun à ces quatre phrases.**

A. La diseuse de bonne .... lui a prédit le succès. (*avenir*)

B. L'.............................. la plus incroyable, dans ce roman, c'est l'attaque des pirates. (*péripétie*)

C. Il m'est arrivé une fâcheuse .... (*affaire*)

D. La dernière .... amoureuse de ce séducteur s'est finie par une rupture douloureuse. (*liaison*)

Je retiens, je m'entraîne et je progresse

- Certains mots (le plus souvent techniques, scientifiques) n'ont qu'un sens : *un cargo, une mappemonde.*
- La plupart des mots ont **plusieurs sens** : *la **piste** d'un animal* (la trace), *la **piste** de ski* (le parcours), *la **piste** de l'enquêteur* (les éléments qui le guident).
- Le **sens propre** est le **sens premier** du mot : *Les pirates vivent sur la **mer**.*
- Le **sens figuré**, souvent imagé, est le **sens supplémentaire** d'un mot employé dans un autre contexte. Un mot peut avoir plusieurs sens figurés. *Il est perdu dans une **mer** de documents.*

3 **Quel est le mot commun à chaque couple de phrases ?**

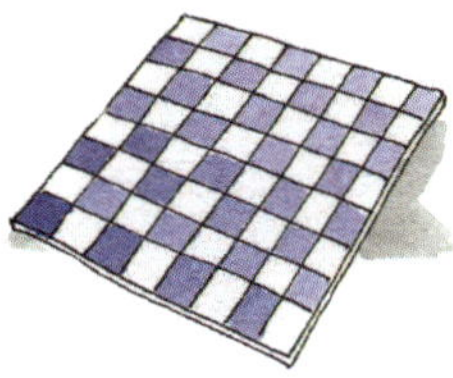

1. a. L'explorateur s'est construit une .... avec des branchages. **b.** Un échiquier comporte soixante-quatre ....

2. a. Elle .... sur la côte Atlantique. **b.** Il .... sur Internet.

3. a. La couturière utilise toujours un .... à coudre. **b.** Elle lance le .... pour commencer le jeu.

4 **Proposez une définition de *pirates* pour chacune de ces phrases.**

1. La population craignait l'arrivée des pirates sur l'île. ....

2. Les pirates de l'air ont pris le contrôle de l'avion. ....

3. Le site Internet de l'Élysée a été attaqué par des pirates. ....

....

5 **a. Les mots en gras sont-ils employés au sens propre ? ☐ ou figuré ? ☐**

Les principales productions de l'**île** sont le coco, la banane, le fruit à pain, l'igname et plusieurs autres **racines** et **fruits** particuliers au pays. Je ne connais ici qu'un seul article de commerce riche, ce sont de très belles **perles**.

D'après L. A. de Bougainville, *Voyage autour du monde* (1766-1769).

b. Qu'est-ce qu'un *article de commerce* ? ……………………………………

c. Quels autres sens d'*article* connaissez-vous ? ……………………………………

……………………………………

Je rédige

6 **a. Pour chaque mot en gras, indiquez s'il est employé au sens propre ou figuré.**
b. Employez chaque mot en gras dans une phrase où il aura un autre sens.

1. a. L'explorateur évolue dans les **montagnes** du Grand Nord. (……………………)
   b. ……………………………………
2. a. Le pays est au bord du **précipice** économique. (……………………)
   b. ……………………………………
3. a. Sa vie a été pleine d'**écueils** professionnels qu'il a toujours surmontés. (……………………)
   b. ……………………………………

7 **À la manière de la première phrase, rédigez des phrases pour mettre en évidence le sens du mot *course(s)* dans les contextes indiqués.**

1. (*montagne*) Seul un alpiniste expérimenté peut faire cette course.
2. (*athlétisme*) ……………………………………
3. (*magasins*) ……………………………………
4. (*parcours du soleil*) ……………………………………
5. (taxi) ……………………………………

8 **Employez ces mots dans des phrases où ils auront un sens figuré.**

1. tonnerre : ……………………………………
2. avalanche : ……………………………………
3. vent : ……………………………………
4. ouragan : ……………………………………
5. torrent : ……………………………………

9 **Rédigez pour chaque mot en gras de l'exercice 5 une phrase où il aura un autre sens.**

> Vous pouvez employer ces mots au singulier ou au pluriel.

46 Les figures de style

Je comprends

1 **a. À quels éléments de la nature les mots soulignés sont-ils comparés ?**

Sais-je où s'en iront tes cheveux
Crépus comme mer qui moutonne
Sais-je où s'en iront tes cheveux
Et tes mains feuilles de l'automne

G. Apollinaire, « Marie », *Alcools*, 1913.

....

....

....

b. Entourez le mot qui exprime la comparaison. Y en a-t-il un pour chaque comparaison ? OUI ☐ NON ☐

2 **a. Soulignez tous les mots qui appartiennent au vocabulaire du corps.**

Enfance aux yeux de cristal,
Aux paupières de corail,
Enfance aux mains de rivière,
Enfance aux pieds de lumière,
Enfance aux paroles tues,
Enfance aux paroles bues,
Enfance aux lèvres légères [...]

G. Jean, « Enfance » (extrait), in *Écrit sur la page*, © Éditions Gallimard Jeunesse, 2012.

b. L'enfance est-elle associée à un objet ou à une personne ?

....

Je retiens, je m'entraîne et je progresse

- On nomme **figures de style** les façons d'**associer des mots**, des idées, de manière imagée ou poétique. Elles contribuent à créer une **atmosphère**.
- La **comparaison** associe deux éléments qui ont au moins **une caractéristique commune**, au moyen d'un **mot de comparaison**.
  Cet homme est fier ***comme*** *un paon.* (= aussi fier qu'un paon)
  Les mots exprimant la comparaison sont :
  – des conjonctions de subordination : *comme*, *de même que*, *ainsi que* ;
  – des verbes : *ressembler à*... *Cet homme* ***ressemble à*** *un paon.*
  – des adjectifs : *pareil à*, *semblable à*... *Cet homme est* ***pareil à*** *un paon.*
  – des **adjectifs au comparatif** : *Cet homme est* ***aussi*** *(****moins****,* ***plus****) fier* ***qu'****un paon.*
  – un déterminant indéfini : *tel*... *Cet homme se pavane* ***tel*** *un paon.*

3 **a. Soulignez les éléments auxquels le globe terrestre est comparé.**

Offrons le globe aux enfants, au moins une journée.
Donnons-leur afin qu'ils en jouent comme d'un ballon multicolore [...]
Donnons-leur comme une pomme énorme
comme une boule de pain toute chaude,
Qu'une journée au moins ils puissent manger à leur faim. [...]

N. Hikmet, « Le globe » (extrait), in *Il neige dans la nuit et autres poèmes*, trad. M. Andaç et G. Dino, © Éditions Gallimard, 1999.

b. Quelle est leur caractéristique commune ? ....

c. Entourez le mot exprimant chaque comparaison.

4 **a. Complétez ces phrases avec la comparaison qui convient :** une radio mal réglée • des fées • du champagne • des balles de fusil • des lucioles. **b. Soulignez dans chaque phrase le mot exprimant la comparaison. c. Entourez le mot exprimant la caractéristique commune aux deux éléments comparés.**

1. Le crépitement des flammes ressemble à celui .... 2. Les flammes pétillent ainsi que .... 3. Les flammes grésillent, semblables à .... 4. Les flammes dansent, telles .... 5. Les flammes luisent comme ....

- La **métaphore** associe deux éléments **de façon sous-entendue, sans mot de comparaison**. Elle peut être filée, développée sur un long passage : *Le voleur détala à toute vitesse : un vrai lapin !*
- La **personnification** présente une chose, une idée **comme une personne**. *L'armoire murmurait les secrets de la famille.*

5 **Soulignez les figures de style et indiquez pour chacune s'il s'agit d'une métaphore ou d'une personnification.**

1. Le chevalier brûle d'amour pour sa dame. (..............................) 2. L'épée de Roland est sa meilleure amie. (..............................) 3. Son regard lançait des flammes. (..............................) 4. Le désert avalait les voyageurs imprudents. (..............................)

6 **a. Quel phénomène l'image de la « bête » sert-elle à décrire dans le texte ?** ....

b. De quelle figure de style s'agit-il ? .... **Soulignez les termes du texte qui la développent.**

c. De quelle bête s'agit-il ? .... **d. Relevez une comparaison.** ....

e. Quelle atmosphère les figures de style créent-elles ? ....

La bête souple du feu a bondi d'entre les bruyères [...] elle a rompu les bras et fatigué les cervelles de tous les gars. Comme l'aube pointait, ils l'ont vue plus robuste et plus joyeuse que jamais, qui tordait parmi les collines son large corps pareil à un torrent. C'était trop tard.
Depuis, elle a poussé sa tête rouge à travers les bois et les landes ; son ventre de flammes suit ; sa queue, derrière elle, bat les braises et les cendres. Elle rampe, elle saute, elle avance.

J. Giono, *Colline*, © Éditions Grasset & Fasquelle, 1929.

Je rédige

7 **En piochant un mot ou un groupe nominal dans chacun des trois sacs, rédigez quatre phrases : deux comportant une métaphore, deux comportant une personnification.**

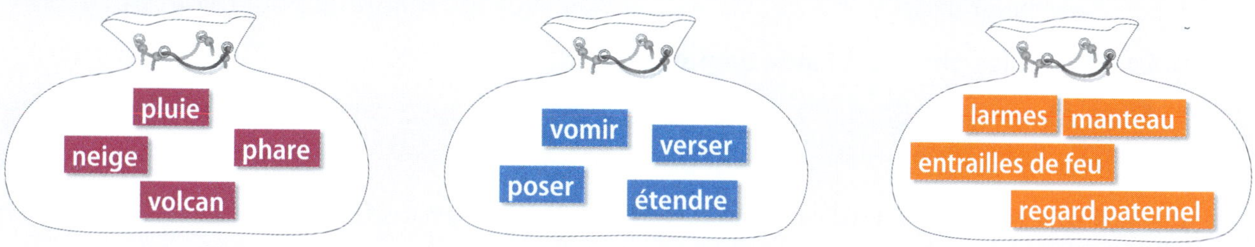

47 Le champ lexical du voyage

Je comprends

1 **Parimi les mots suivants, entourez ceux que vous associez au nom « voyage ».**

enfermement — déplacement — découverte — partage — curiosité — commerce — danger — espace — prison — racine — horizon

2 **a. En vous aidant des mots de l'exercice 1, proposez une définition du nom « voyage ».**

....

....

b. Comment nomme-t-on :

– une personne qui voyage ? ....

– le fait d'accomplir un voyage ? ....

– une personne qui organise des voyages ? ....

Je retiens, je m'entraîne et je progresse

- Le nom **voyage** vient du latin *viaticum*, « argent pour le voyage ». Aujourd'hui, on appelle un **viatique**, l'argent ou les provisions que l'on donne pour faire un voyage.
  Au Moyen Âge et à la Renaissance, de grands voyageurs sont partis sur mer et sur terre à la découverte du monde. Aujourd'hui, le voyage s'est démocratisé et de très nombreuses personnes pratiquent le tourisme ou voyage d'agrément.
- On nomme **champ lexical** l'ensemble des mots qui correspondent à une même notion : *voyage, explorer, spatial*…

3 **a. Faites correspondre à l'aide de flèches chaque nom de la colonne A à la définition de la colonne B qui lui correspond.**

A	B
traversée •	• voyage vers un lieu saint
périple •	• circuit en groupe
randonnée •	• parcours à suivre
croisière •	• court voyage d'étude ou d'agrément
excursion •	• très grand voyage
itinéraire •	• marche de longue durée
tour organisé •	• voyage d'agrément en mer
pèlerinage •	• voyage maritime pour rejoindre un port

b. Complétez les phrases à l'aide de noms du a.

1. Entre Marseille et Bastia, la .... fut dangereuse car la mer était agitée. **2.** Ils avaient bien préparé leur .... avant de partir en .... sur les hauts plateaux. **3.** Mes amis ont fait une agréable .... sur le Rhin. **4.** Nous avons fait notre .... à cheval en Camargue. **5.** Ces voyageurs ont parcouru la Chine et l'Inde en vélo : un vrai .... !

4 Lequel de ces noms utiliseriez-vous pour :

– un voyage vers Saint-Jacques de Compostelle, Lourdes ou La Mecque ? ……

– un voyage scientifique dans la forêt amazonienne ? ……

– le voyage du roi Saint Louis et de ses chevaliers à Jérusalem ? ……

– un voyage dans l'espace ? ……

5 **Recopiez ces moyens de transport à côté du dessin qui convient :**
train • fusée • chaloupe • hélicoptère • sous-marin • vélomoteur • diligence • aéronef • camion • paquebot • ferry • montgolfière • autocar • bus • cargo • péniche • ULM • ballon

6 **Recopiez la définition qui correspond à chaque expression.**
un voyage éprouvant • partir • un voyage de plusieurs mois en bateau • la mort • parvenir à destination • une pochette qui contient des produits utiles en voyage

– une trousse de voyage : ……

– le dernier voyage : ……

– une odyssée : ……

– larguer les amarres : ……

– un voyage au long cours : ……

– arriver à bon port : ……

7 **Proposez pour chaque verbe : a. le nom masculin ; b. le nom féminin de la personne qui pratique l'activité ; c. le nom de l'activité.**

1. randonner : a. un …… ; b. une …… ; c. la ……
2. explorer : a. un …… ; b. une …… ; c. l'……
3. naviguer : a. un …… ; b. une …… ; c. la ……
4. marcher : a. un …… ; b. une …… ; c. la ……
5. voyager : a. un …… ; b. une …… ; c. le ……

Je rédige

8 **Rédigez un bref récit de voyage.**

48 Le champ lexical des relations sociales

Je comprends

1 **Classez ces mots dans le sac qui convient.**

bande – autonomie – égoïsme – individualisme – équipe – union – partage – isolement – exclusion – ensemble – entraide – association – solitude – collectivité – indépendance

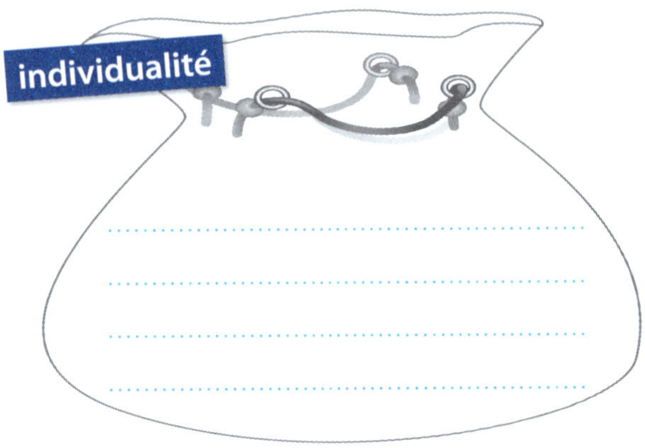

2 **Classez les noms suivants selon qu'ils expriment une relation sociale harmonieuse ou conflictuelle.**

respect – contestation – obéissance – opposition – affection – solidarité – tension – rébellion – désaccord – insoumission – bienveillance – estime – désobéissance

Relation sociale harmonieuse : ……………………………………………………………

Relation sociale conflictuelle : ……………………………………………………………

Je retiens, je m'entraîne et je progresse

- Les **relations sociales** se tissent au sein de la **famille**, dans un réseau d'**amis** ou un **contexte sportif, culturel,** d'**études** ou de **travail.**
- La famille est un lieu éducatif où se transmettent des valeurs.
- Les relations sociales peuvent être vécues harmonieusement ou aboutir à des crises.

3 **Associez à l'aide d'une flèche chaque groupe nominal à sa définition.**

une fratrie •	• les enfants des oncles et tantes
une famille monoparentale •	• famille formée d'un couple et d'enfants nés d'une précédente union
une famille recomposée •	• époux d'une fille par rapport aux parents de celle-ci
un gendre •	• des frères et sœurs d'une même famille
des cousins •	• les ancêtres de la famille
des aïeux •	• famille constituée d'un seul parent et de ses enfants

4 **Classez ces noms dans les boîtes selon qu'ils sont synonymes ou antonymes du nom « amitié ».**

séparation • affinité • malveillance • concorde • accord • hostilité • attachement • tendresse • sympathie • répulsion • antipathie • cordialité • entente • aversion • haine • fraternité • camaraderie

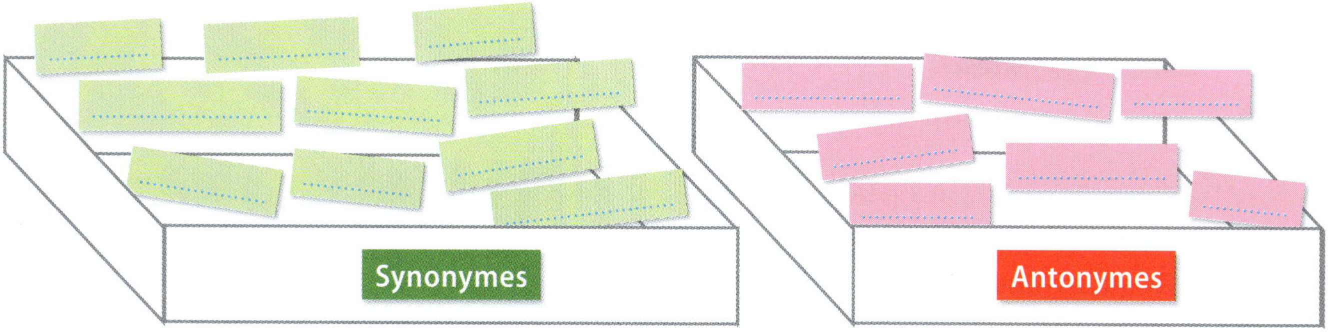

5 **Qualifiez une amitié en remplaçant la proposition subordonnée relative par un adjectif.**

une amitié entre frères : …… ; une amitié qui naît : …… ; une amitié qui dure : …… ; une amitié qu'on ne peut dissoudre : …… ; une amitié qui n'est pas fragile : …… ; une amitié qui a du prix : …… .

6 **Recopiez la définition qui correspond à chaque nom.**

un(e) élève de sa classe • une personne avec laquelle on s'entend bien et on passe d'agréables moments • une personne avec laquelle on a noué des liens profonds

a. ami(e) : ……

b. camarade : ……

c. copin(e) : ……

7 **Indiquez le nom correspondant à chaque adjectif qualifiant un ami.**

discret : …… ; généreux : …… ; courageux : …… ; sincère : …… ; optimiste : …… ; gentil : …… ; attentionné : …… ; gai : …… ; disponible : …… ; fidèle : …… ; loyal : …… ; serviable : ……

8 **a. Donnez le verbe correspondant à chacun de ces groupes verbaux.**

– apporter de la satisfaction : …… (……)
– créer de l'ennui : …… (……)
– créer un ravissement : …… (……)
– rendre content : …… (……)
– causer du chagrin : …… (……)
– créer du désespoir : …… (……)
– faire preuve de tolérance : …… (……)
– avoir une capacité d'écoute : …… (……)

b. Notez à côté des verbes s'ils expriment une attitude favorable (F) ou défavorable (D) à l'amitié.

Je rédige

9 **Partagez-vous ce point de vue de Michel de Montaigne, un auteur du XVIe siècle, à propos de l'amitié : « Qu'un ami véritable est une douce chose ! » ?**

Vous répondrez en un paragraphe en employant le plus possible de mots de la leçon, que vous soulignerez.

49 Le champ lexical de l'héroïsme

Je comprends

1 **a. Proposez une définition de « héros ».** ……………………………………………………

……………………………………………………………………………………

b. Quel est le féminin de « un héros » ? ……………………………………………

c. Donnez l'adjectif de la même famille. ……………………………………………

Je retiens, je m'entraîne et je progresse

- Dans la mythologie, un **héros** est un être fabuleux, la plupart du temps d'origine mi-divine, mi-humaine, qui devient un dieu après sa mort.
- De nos jours, un **héros** est quelqu'un qui défend les autres avec courage et agit au service d'un idéal moral.

2 **a. Recopiez ces adjectifs en les classant dans le sac « courage » ou dans le sac « lâcheté ».**

couard • poltron • hardi • vaillant • lâche • peureux • craintif • timoré • audacieux • intrépide • héroïque • brave • pleutre • valeureux

b. Trouvez les noms formés à partir des adjectifs du a.

Le courage : ……………………………………………………

……………………………………………………

La lâcheté : ……………………………………………………

3 **Dans cette liste de groupes nominaux, rayez l'intrus.**

le courageux guerrier • le vaillant jeune homme • le hardi personnage • le chevalier pleutre • le sauveur • le vigoureux gaillard

4 **a. Ces noms sont-ils des antonymes ☐ ? des synonymes ☐ ?**

péril • écueil • danger • épreuve • risque • aventure

b. Soulignez en bleu les noms masculins, en noir les noms féminins.

c. Employez « écueil » dans une phrase où il aura son sens propre.

……………………………………………………………………………………

5 **Complétez les phrases suivantes en employant les noms de l'exercice 4. a.**

1. Le chevalier s'élance dans le tournoi, au ………………… de sa vie.
2. La vie est pleine d'………………… qu'il faut apprendre à éviter.
3. Il est prêt à prendre tous les ………………… pour mener à bien son projet.
4. Elle affronte les ………………… sans trembler.
5. Il rêve de mener une vie d'………………… parsemée d'………………….

6 **a. Reliez par des flèches les adjectifs qui sont synonymes**

effrayant •	• insoupçonné
infranchissable •	• inévitable
perfide •	• terrible
imminent •	• insurmontable
grave •	• fatal
inconnu •	• insidieux
mortel •	• menaçant
inéluctable •	• sévère

b. Ces adjectifs servent-ils à qualifier : un héros ? ☐ un danger ☐ ?

7 **Complétez ces expressions par un nom qui leur est commun.**

a. voir, courir, affronter, sentir, flairer, fuir, éviter le ………………… • **b.** avertir du ………………… • **c.** la conscience, la crainte, la menace du ………………… • **d.** à l'approche, à l'heure, en face du ………………… • **e.** au milieu, à l'abri des ………………… • **f.** en cas de …………………

8 **a. Rayez les verbes qui ne conviennent pas pour exprimer les actions d'un héros.**

s'emparer • foncer • charger • geindre • s'élancer • affronter • vaincre • dominer • se dissimuler • se tapir • bondir • protéger.

b. Complétez les phrases avec des verbes du a que vous conjuguerez au présent de l'indicatif.

1. Le hardi chevalier ………………… contre le baron félon. **2.** Le héros ………………… ses adversaires avec courage. **3.** Le héros ………………… ses ennemis par sa vaillance. **4.** Le valeureux roi ………………… de la citadelle. **5.** L'écuyer ………………… et ………………… son seigneur.

9 **Complétez ces phrases avec les verbes qui conviennent :** se dévouer • vouer (à) • se sacrifier • consacrer. **Vous les conjuguerez au passé composé de l'indicatif.**

1. Ce soldat est mort en protégeant son camarade : il ………………… pour lui.
2. Mère Teresa ………………… sa vie aux gens les plus pauvres de l'Inde.
3. Ce jeune homme intrépide ………………… en se portant volontaire pour cette mission risquée.
4. Cette femme ………………… sa vie à secourir les gens jetés à la rue.

Je rédige

10 **Rédigez un bref article de journal pour raconter l'action héroïque d'un(e) jeune qui a porté secours à quelqu'un.**

Bilan 3

L'organisation du vocabulaire

MOT : *fort*

ÉTYMOLOGIE
origine du mot

fort vient du latin *fortis* : « fort, robuste, courageux »

SYNONYMES
mots de même sens ou de sens proche

Synonymes de *fort* : *solide, puissant, robuste*

FORMATION
préfixe + radical + suffixe

ren/ forc/ ement

ANTONYMES
mots de sens contraire

Antonymes de *fort* : *faible, fragile*

FAMILLE DE MOTS
ensemble de mots ayant la même étymologie

Famille du mot *fort* : *force, fortifier, forcir, renforcer, forcément*

CHAMP LEXICAL
ensemble de mots qui correspondent à une même notion

Champ lexical du mot *fort* : *solide, solidité, robustesse, puissance, pouvoir, vigueur*

NIVEAUX DE LANGUE
manière de s'exprimer selon le contexte

Niveau courant : *fort*
Niveau familier : *costaud*
Niveau soutenu : *vigoureux*

Je fais le bilan de mes connaissances

La servante <u>prend</u> le **bras** de sa maîtresse et, lui tâtant le pouls, elle constate qu'il est irrégulier. Elle <u>place</u> sa **main** sur sa **poitrine** et son **ventre** et elle dit : « Votre maladie <u>nécessite</u> qu'un médecin s'en préoccupe assez rapidement. »

1. Proposez un synonyme pour chaque mot souligné. ....

2. Proposez un antonyme de « s'en préoccupe ». ....

3. Observez les mots en gras : à quel champ lexical appartiennent-ils ? ....

4. Proposez des mots de la famille de « main ». ....

....

Évaluation 5

Les conquérants

Comme un vol de gerfauts[1] hors du charnier[2] natal,
Fatigués de porter leurs misères hautaines,
De Palos de Moguer[3], routiers[4] et capitaines
Partaient, ivres d'un rêve héroïque et brutal.

Ils allaient conquérir le fabuleux métal
Que Cipango[5] mûrit dans ses mines lointaines,
Et les vents alizés[6] inclinaient leurs antennes[7]
Aux bords mystérieux du monde occidental.

Chaque soir, espérant des lendemains épiques,
L'azur phosphorescent[8] de la mer des Tropiques
Enchantait leur sommeil d'un mirage doré ;

Ou penchés à l'avant des blanches caravelles,
Ils regardaient monter en un ciel ignoré
Du fond de l'Océan des étoiles nouvelles.

J. M. de Heredia, *Les Trophées*, 1893.

1. faucons. 2. lieu où les oiseaux apportent les cadavres de leurs proies. 3. port d'Espagne. 4. soldats aventuriers. 5. nom donné au Japon par C. Colomb. 6. vents des Tropiques. 7. pièces de bois supportant des voiles. 8. lumineux

Lire

1. a. Qu'est-ce qu'un « conquérant » ? ....

b. Donnez le nom formé sur le verbe « conquérir ». ....

c. Donnez au moins un mot formé sur le même radical (de la même famille).

....

2. a. Quelle figure de style identifiez-vous au vers 1 ? ....

b. Expliquez « ivres d'un rêve héroïque et brutal ». ....

....

c. Quelle image des conquérants ces expressions donnent-elles ? ....

....

3. a. Qu'est-ce que « le fabuleux métal » ? ....

b. Expliquez le sens de « fabuleux » ici. ....

c. Soulignez des groupes nominaux qui appartiennent au champ lexical de l'exploration.

4. En vous aidant du texte, entourez le synonyme de « caravelle » :
grand bateau à voiles • cargo à vapeur.

Écrire

Vous rêvez de découvrir un pays, une région. Expliquez ce qui vous fait rêver et pourquoi. Vous rédigerez un texte en prose et veillerez à employer un vocabulaire riche et imagé.

Alphabet phonétique international

Voyelles orales

[i] midi, île, naïf, cygne, hiver

[e] dé, dîner, et, nez, (je) jouai, fœtus, les

[ɛ] belle, mère, être, Noël, veine, est, il naissait, il naît, paquet

[a] patte, à, femme

[ɑ] tas, pâte

[y] sur, sûr, il eut, humeur, rue

[u] chou, où, goût, août

[o] piano, aussitôt, seau, oh, ho, hôpital

[ɔ] bol, Paul, hors, maximum

[ə] le, monsieur

[ø] déjeuner, jeûne

[œ] veuf, œuf, œil, recueil

Voyelles nasales

[ɛ̃] invention, imperméable, main, faim, peindre, examen, synthétique, sympathie

[ɑ̃] tante, lampe, ensemble, paon, vraiment

[ɔ̃] bon, pompier

[œ̃] un, parfum, à jeun

Semi-voyelles

[j] yeux, pieu, œil, paille, fille, hiéroglyphe, hyène

[ɥ] lui, huit

[w] oui, kiwi, moelle, poêle, poil

Consonnes

[p] pape, apprendre

[b] bon, abbé

[t] ton, patte, thon, prend-il

[d] doigt, addition

[k] coq, que, kiwi, accord, acquitter, choriste

[g] gag, guerre, aggraver, second, ghetto

[f] feu, affreux, éléphant

[v] vue, wagon

[s] se, asseoir, leçon, science, imagination, asthme, six, fils

[z] raser, deuxième, zèbre

[ʃ] chut, schéma, shérif

[ʒ] jeu, girafe, orangeade

[l] la, ville

[m] menton, pomme

[n] nuit, année, automne

[ɲ] mignonne, oignon

[ŋ] parking

[r] narrateur, rhume

Achevé d'imprimer en Italie par Stige
Dépôt légal : Mars 2017 - Collection n° 10 - Édition 01
38/8726/3